이영란 (야채씨)

Simon박용식 신부

예수님 닮아가기

예수님 닮아 가기

2012년 1월 6일 교회 인가
2012년 3월 6일 초판 1쇄 펴냄
2013년 1월 2일 초판 2쇄 펴냄

지은이 · 박용식
펴낸이 · 염수정
펴낸곳 · 가톨릭출판사
편집 겸 인쇄인 · 홍성학
디자인 자문 · 김복태, 류재수, 이창우, 황순선
편집장 · 송향숙 편집 · 전혜선
디자인 · 김지혜 삽화 · 남경호

본사 · 서울특별시 중구 중림로 27
지사 · 경기도 파주시 조리읍 당재봉로 56 프린팅파크 內
등록 · 1958. 1. 16. 제2-314호
전자우편 · edit@catholicbook.kr
전화 · 1544-1886(대) / 070-8233-8221(영업국)
지로번호 · 3000997

ISBN 978-89-321-1259-6 03230

값 9,000원

© 박용식, 2012

인터넷 가톨릭서점 http://www.catholicbook.kr
직영 매장: 명동대성당 (02)776-3601, 3602/ FAX (02)776-1019
 가톨릭회관 (02)777-2521/ FAX (02)777-2520
 서초동성당 070-8234-1880
 서울성모병원 (02)2258-6439, 070-7757-1886/ FAX (02)392-9252
 분당요한성당 (031)707-4106
 절두산 (02)3141-1886/ FAX (02)3141-1886
 미주지사 (323)734-3383/ FAX (323)734-3380

가톨릭의 모든 도서와 성물을 '인터넷 가톨릭서점'에서 만나 보실 수 있습니다.

이 도서의 국립중앙도서관 출판시도서목록 CIP은 e-CIP 홈페이지(http://www.nl.go.kr/ecip)에서 이용하실 수 있습니다(CIP제어번호: CIP2012000753).

성경 © 한국천주교중앙협의회 2005

이 책은 저작권법에 의해 보호를 받는 저작물이므로 무단 전재와 무단 복제를 금합니다.

예수님 닮아 가기

박용식 신부 지음

가톨릭출판사

추천의 글

많은 이에게 큰 울림이 될 책

 박용식 시몬 신부님은 누가 읽어도 깊은 감동을 주는 신앙 서적을 이미 두 권이나 세상에 내놓으셨습니다. 2004년에 사제 서품 25주년을 맞이하여 펴낸 책 《예수님 흉내 내기》는 16번의 인쇄를 거듭하며 국내외에 수만 권이 팔린 베스트셀러가 되었습니다. 바로 남녀노소 누구나 재미있게 읽을 수 있을 만큼 정제된 언어와 체험을 통해 주님을 만나게 해 주고 있기 때문입니다. 박 신부님의 책을 읽은 분들은 모두 한결같이 우리의 신앙생활을 반성하기에 대단히 유익한 책이라고 입을 모으며 격찬을 아끼지 않습니다. 이는 신부님의 올곧고 구김살 없는 사목 활동의 경험과 영적 체험이 녹아 있다는 뚜렷한 증거라고 생각합니다.

박 신부님의 책이 이렇게 베스트셀러 대열에 들게 되니 자연히 서울, 수원, 대구, 인천 등 여러 교구의 본당과 단체에서 특강과 피정 강의 요청이 쇄도합니다. 그리고 평화방송 TV 《박용식 신부의 예수님 흉내 내기》를 통해 54번의 특강을 했는데, 이를 시청한 애청자들의 빗발치는 요구로 강의 일부를 발췌해서 《예수님 따라 하기》라는 두 번째 책이 빛을 보게 되었습니다. 이 책도 1년 만에 3번의 인쇄를 거듭하였으며, 앞으로도 많은 독자들의 사랑을 받게 될 것이라고 확신합니다.

박 신부님은 〈평화신문〉에 지난 1년 동안 주일 복음의 묵상 글을 연재하셨습니다. 이 묵상 글이 너무도 쉽고 재미있고, 더욱이 세상의 구체적인 문제들과 연관 지어 쓰셨기에 신자들의 영적 성숙에도 큰 보탬을 주십니다. 그뿐만 아니라 주일 강론을 하는 사목자들에게도 큰 도움을 주고 있습니다. 이 글을 묶어 책으로 펴내면 사목자들에게 매우 유익하리라고 생각했는데, 이번에 그 글들을 모아 한 권의 책으로 펴낸다기에 그 기쁨이 배가되고 있습니다.

신부님의 책 제목은 언제나 그 책의 특성을 보여 줍니다. 첫 번째 책은 '예수님을 흉내' 내는 초보적 차원을, 두 번째 책은 좀 더 적극적으로 '예수님을 따라' 행동하는 차원을, 이번에 내는 세 번째 책은 보다 온전히 '예수님을 닮아' 가는 차원을 강조합니다. 이 책 《예수님 닮아 가기》를 읽은 많은 이들이 주님을 닮아 평화와 정의의 세상을 만들기 위해 살아가기를 희망합니다.

박 신부님은 다른 이들이 하기 힘든 어머니에 대한 특별한 효도를 몸과 마음으로 실천하셨습니다. 신부님은 어머니의 병 수발을 하면서 대소변을 받아 내고 기저귀를 갈아 드리면서 자식으로서의 도리를 다하는 데 주저함이 없으셨습니다. 어머니의 암 판정 소식을 들은 신부님은 미사 중에 대성통곡을 하며 자식으로서의 절박하고 애절한 심경을 여과 없이 드러내기도 하였습니다. 또한 오래전에 미국에서 5년 정도 사목을 하면서 남다른 체험을 했고, 지난 2004년에는 안식년을 맞이하여 아프리카의 오지에서 8개월, 배낭 메고 유럽을 3개월 여행하면서 풍부한 체험을 하셨습니다. 이런 생생한 체험들은 앞서 발간한 두 권의 책에 박진감 있게 나타납니다.《예수님 닮아 가기》에서는 성경 말씀을 실생활에서 실천하면서 느낀 이야기들을 잔잔하면서도 설득력 있게 들려주고 있습니다.

저와 함께 사제 수업을 받았고 긴 세월 우정을 이어 오고 있는 자랑스런 동창 신부님의 저서에 제가 추천의 인사 말씀을 드리게 되어 기쁘기 그지없습니다. 이 책《예수님 닮아 가기》가 많은 이에게 큰 울림과 영적 양식을 제공하게 되리라 믿습니다. 신앙의 참진리를 찾는 모든 이들이 이 책을 읽기를 권하며 하느님의 사랑과 은혜가 풍성하기를 빕니다.

2012년 3월 6일 사제 수품 33주년에
이용훈 마티아 주교(수원교구장)

머리말

예수님을 더 닮으려고

　세 번째 책을 출간하리라고는 생각지도 못했습니다.
　책 한 권을 쓴다는 것이 그리 쉽지만은 않습니다. 책을 쓴 후에 그 책을 읽고 변화된 독자들의 이야기를 들을 때면 더할 나위 없는 보람을 느끼기는 하지만 책을 쓰기까지는 무척 힘든 게 사실입니다. 그럼에도 불구하고 또 한 권의 책을 썼습니다. 두 번째 책을 낸 후에 〈평화신문〉에 1년 동안 글을 쓴 게 화근(?)이었습니다. 매주 발행되는 〈평화신문〉에 주일 복음 말씀을 묵상해서 연재했습니다. 두 번째 책을 낼 때까지만 해도 신자들의 성원이 대부분이었는데 이번 〈평화신문〉

에 글을 쓰고부터는 신부님들과 수녀님들까지 제 글을 사랑해 주셨습니다. 어떤 신부님은 미사 때 제 글을 그대로 인용할 만큼 좋아해 주셨고 어떤 수녀님은 저에게 이메일이나 전화로 격려해 주셨습니다.

그러면서 신문에서 한 번 읽고 버리기에는 너무나 아까우니 두고두고 읽을 수 있도록 해 달라고 부탁해 왔습니다. 신문을 스크랩해서 보관하는 것보다 오래오래 간직할 수 있게 한 권의 책으로 묶어 달라고 청해 왔습니다. 어떤 신자는 〈평화신문〉을 받자마자 제 글을 읽는 것이 큰 낙이라고 하면서 제 글이 실린 면을 오려 보관해 왔는데 책으로 낸다고 했더니 아주 좋아했습니다.

이런 모든 정황으로 볼 때 제가 조금 힘들더라도 다시 책을 내는 것이 하느님의 뜻에 따르는 것이라고 판단했습니다. 이 시대에 필요한 메시지를 전하고자 하는 하느님의 섭리라고 감히 생각해 봅니다. 그리하여 세 번째 책을 내기로 결심하고 그 제목을 《예수님 닮아 가기》라고 지었습니다.

예수님이 33년을 사셨고 저도 사제 생활을 33년 했습니다. 그래서 햇수로만 보면 2012년은 제가 예수님을 더 많이 닮아야 하고 더더욱 예수님처럼 살아야 한다고 생각합니다.

사실 제가 작년까지 평화방송 TV에 특강을 하면서 예수님을 따라 하고 싶어서 따라 하는 방법들을 묵상했습니다. 그중 일부를 《예수님 따라 하기》에 실었지만 나머지 일부는 언젠가 책으로 쓰려고 했습니다. 그러던 중에 〈평화신문〉에 1년 동안 글을 쓰게 되어 그 신문에 썼던 글과 TV에 강의했던 내용 중 책으로 펴내지 않았던 내용을 묶어 낸 것입니다. 이번 책에서는 예수님을 더 닮으려고 노력했습니다만 부족한 점이 너무 많아 부끄럽습니다. 저의 글에서 부족했던 점을 주님께서 보충해 주시도록 기도드리겠습니다.

그동안 저의 방송과 글을 시청하고 읽어 주셔서 감사드립니다. 또한 이 책《예수님 닮아 가기》를 통해서 주님의 은총을 많이 받으시도록 기도 중에 기억하겠습니다.

아울러 그토록 성무에 바쁘신 이용훈 주교님께서 이 책을 강력하게 추천해 주신 점 큰 영광으로 생각하며 깊은 감사를 드립니다. 제 글에 맞는 그림을 그려 주신 천주교 원주교구 가톨릭 미술인회 회장이신 남경호 프란치스코 선생님께도 감사드립니다. 마지막으로 저의 책을 세 번이나 출간해 주신 가톨릭출판사 사장 신부님과 직원 모두에게 진심으로 감사드립니다.

다시 한 번 《예수님 닮아 가기》를 애독해 주시는 모든 분들께 감사드리며 주님의 은총이 넘치기를 기도합니다.

2012년 3월 6일 사제 수품 33주년을 맞으며
원주교구 태장동 성당에서
박용식 시몬 신부

차례

추천의 글 · 4
머리말 · 8

 제1장 앵무새 신앙

버리며 떠나는 여행 · **17**
회개해야 주님을 맞을 수 있습니다 · **22**
기쁨을 미리 맛보는 날 · **27**
꿈을 버리면 기적이 일어난다 · **31**
하느님의 자녀 · **36**
하느님은 어떤 분이신가요? · **40**
신앙은 선택이다 · **45**
진정한 행복 · **49**
빛과 소금 · **54**
말조심합시다 · **59**
걱정하지 마세요 · **63**
앵무새 신앙 · **68**

제2장 그렇게 좋은 줄 알았더라면

떡 하나 주면 안 잡아먹지 · 75
영웅 체험 · 80
그렇게 좋은 줄 알았더라면 · 85
영적 소경 · 90
주님이 계셨더라면 · 94
제가 주님을 배반했습니다 · 99
위대한 어머니들 · 104
이중 잣대 · 112
끝없는 욕심 · 122
죽음을 대비한 보험 · 127
돈 없고 배운 게 없어도 행복한 집 · 135
성령의 도우심으로 초능력을 발휘하세요 · 140

 ## 제3장 교회는 제자리 찾기 운동 본부

교회는 제자리 찾기 운동 본부 · 147
성령이 오시면 행복해집니다 · 151
사랑은 양보하고 일치하는 것 · 155
영혼을 살찌우는 음식, 성체 · 160
내 마음의 밭은 좋은 밭인가? · 164
저것들을 당장 뽑아 버릴까요? · 169

진짜 보물이 여기 있습니다 · **174**
주님과 함께라면 · **179**
거절을 통한 가르침 · **184**
자신의 뜻을 버리고 하느님의 뜻을 따라야 · **189**
죄를 짓거든 타일러라 · **194**

제4장 거지 신앙과 순교 신앙

아는 게 병 · **201**
하느님께 도조를 잘 내면 큰 행복이 옵니다 · **205**
하느님의 초대 · **210**
거지 신앙과 순교 신앙 · **215**
서로 뗄 수 없는 관계 · **220**
자신을 높이는 사람은 헛똑똑이 · **225**
사람다운 사람 · **230**
소유와 집착 · **236**
부자 천국 서민 지옥 · **243**
미신에 빠지지 마세요 · **252**
십자가를 기꺼이 · **262**

제1장

앵무새 신앙

버리며 떠나는 여행

저는 안식년을 맞아 2004년 9월부터 1년 동안 25개 나라를 여행했습니다. 8개월 동안은 아프리카의 한곳에 머물면서 인접 국가들을 다니는 여행이었지만, 3개월간은 일정한 곳에 머물지 않고 유럽 곳곳을 끊임없이 떠나는 순례 여행이자, 말 그대로 배낭여행이었습니다.

유럽 배낭여행을 위해 짐을 꾸릴 때였습니다. 장기간 대중교통을 이용하여 짐을 끌고 다녀야 하기 때문에 짐을 작게 만들어야 했습니다. 짐을 줄이기 위해 최소한의 옷가지와 세면도구 등 꼭 필요한 것만을 골랐는데도 준비된 배낭에 다 들어

가지 않았습니다. 옷가지를 몇 개 더 빼고 다른 생활용품도 더 줄였습니다. 그래도 짐이 배낭에 다 들어가기에는 아직도 너무 많았습니다. 짐을 한 번 더 줄였습니다. 그제야 배낭 안에 다 들어갔습니다. 겨우 이 정도를 가지고 어떻게 3개월을 버틸지 걱정이 되었습니다. 없으면 못 살 것 같은 그 많은 물건들을 빼놓고 이렇게 작은 배낭 하나만 가지고 어떻게 살아갈까 근심이 되었습니다.

그러나 그 배낭 하나로 여행을 시작했습니다. 처음 며칠 동안은 몹시 불편했습니다. 그러나 날이 갈수록 차츰 익숙해지기 시작했습니다. 매일 갈아입던 양말과 속옷은 이틀에 한 번씩 갈아입었고, 2~3일에 한 번씩 갈아입던 겉옷은 4~5일씩 입었습니다. 처음에는 불편했지만 적응이 되니까 더 이상 불편하지 않았습니다. 이가 없으면 잇몸으로 살아간다고 했던가요? 이가 없는데도 불편하기는커녕 잇몸 그 이상의 것이 생기는 것 같았습니다. 없으면 못 살 것 같았지만 없어도 살아갈 수 있었습니다.

여행자에게 빼놓을 수 없는 것이 쇼핑입니다. 그래서 여행에서 돌아올 때는 대체로 가방이 커집니다. 며칠 만에 돌아오는 여행자의 가방도 갈 때보다 올 때 훨씬 더 커집니다. 여행 중에 각종 기념품을 쇼핑하기 때문입니다. 그런데 저는 3개월의 여행 기간 동안 쇼핑을 하지 않았습니다. 아니 할 수 없었습니다. 들고 다닐 수가 없었기 때문입니다. 생전 처음 가 보는 나라, 처음 보는 신기한 물건들을 갖고 싶은 마음이 들기도 했습니다. 평생 기념할 만한, 영화에서나 볼 수 있는 세계의 진기한 것들을 사고 싶었지만 끝내 아무것도 사지 않았습니다.

기념품도, 선물도, 아무것도 사지 않으니 짐이 커지거나 무거워지지 않았습니다. 짐이 늘고 가방이 커져서 무거웠더라면 그 무거운 가방을 끌고 다니기가 얼마나 불편했겠습니까? 값싼 숙소를 찾느라 몇 시간씩 걸어 다닌 적도 있었고 더 값싼 곳을 찾느라 3~4층의 계단을 올라가기도 했습니다. 그러나 최소한의 짐만 가지고 다니니까 짐이 가벼워서 고생을 덜 했습니다. 처음부터 짐을 작게 만들기를 잘했습니다. 처음부터 버리기를 잘했습니다. 여행 중에 짐이 가벼울수록 편하다는 것을 경험해 보지 않은 사람은 모를 것입니다.

나무도 겨울이 되면 잎사귀를 버립니다. 겨우살이를 위해

몸집을 줄입니다. 봄여름에 아름답고 푸르던 꽃과 잎을 털어 버립니다. 겨울에 잎이 있으면 잎에 저장된 수분이 얼어 나무가 죽습니다. 추운 겨울을 살아가기 위해 잎을 버리는 나무에게서 자연의 이치를 깨닫게 됩니다. 개구리나 뱀 등 파충류는 겨울을 나기 위해 아예 먹이를 먹지 않습니다. 겨우살이를 위해 자신의 몸을 가볍게 하는 것이죠.

바다 위를 항해하던 작은 배가 암초에 부딪혀 배 밑창에 구멍이 나 가라앉기 시작했습니다. 위급한 상황입니다. 배 무게를 최대한 줄여 가볍게 만들어야 가라앉기 전에 육지에 도착할 수 있습니다. 선장은 승객들에게 가진 것을 모두 버리라고 합니다. 몸만 남겨 두고 가진 모든 것을 버려서 배 무게를 줄여야 살아남을 수 있습니다. 버리기 아까워서 가지고 있으면 그 무게 때문에 배가 가라앉을 것이고, 그러면 모두가 죽게 될 것입니다.

이렇게 자연이나 인생도 무게를 줄여야 살아갈 수 있듯 하느님 나라로의 여행에서는 더더욱 무게를 줄여야 합니다. 세상에 태어날 때 아무것도 없는 빈 몸으로 시작했듯이 세상을 마치고 하느님 나라로 갈 때에도 빈 몸으로 간다면 무겁지 않아 힘들지 않게 갈 수 있을 것입니다.

  이 세상에서 예수님을 맞이하기 위해서도 무게를 줄여야 합니다. 가진 것을 버리고 무게를 줄이면 내 안에 예수님을 맞이할 수 있습니다. 내 삶을 가득 채운 재물과 욕심과 쾌락을 버려 자기 인생을 빈 공간으로 만들면 그곳에 예수님이 들어오실 수 있습니다. 내 인생이 세속의 욕심으로 꽉 차 있으면 몸이 무거워서 예수님께로 나아 갈 수도 없고 자신 안에 빈 공간이 없어서 예수님이 들어오실 자리도 없을 것입니다.

  하느님 나라로 가는 인생 여행에서 짐을 줄입시다. 짐을 줄이면 가벼워서 잘 나아갈 수 있고, 짐을 줄이면 빈 공간이 생겨 예수님이 그 안에 들어오실 수 있습니다.

회개해야 주님을 맞을 수 있습니다

　요한 세례자는 구세주를 맞이하려면 회개하라고 일러 줍니다(마태 3,1-12 참조). 도둑질을 하고 살인을 하고 남에게 상처를 준 사람들은 회개해야 주님을 맞이할 수 있습니다. 지당하신 말씀입니다. 그런데 그런 큰 죄를 짓지 않은 우리들은 어떻게 회개해야 합니까?
　요아킴과 안나 부부는 매일 등산을 합니다. 나이 예순도 안 되어 일찍 퇴직을 하고 아직 특별히 할 일이 없어 매일 산에 오른다는 것입니다. 산에 오르면서 묵주 기도도 하고 건강 관리도 하고 부부간에 사랑도 돈독히 하고, 그런 모습을 남들도 부러워합니다. 그러나 대림 시기를 맞아 무언가 회개할 거리를 찾고 싶었습니다. 지금 어떤 죄를 짓고 있는 것은 아니지만 계속해서 등산만 하는 것은 어쩐지 떳떳하지 못한 느낌이었습니다. 그래서 앞으로는 이틀에 한 번씩만 등산을 하고 나머지 시간에는 하느님의 일을 하기로 했습니다. 평일 미사에 참석하고 성당 청소 등의 봉사를 하고 냉담 교우나 불우이웃을 방문하고 성경이나 교회 서적을 읽고 평화방송 TV를 시청하면서 하느님의 일을 하기로 결심했습니다.

베드로 씨는 TV를 많이 봅니다. 뉴스는 물론이고 드라마, 건강 프로, 오락 프로 등 거의 매일 3~4시간 이상 TV 앞에 앉아 있습니다. TV를 보는 것 자체가 죄를 짓는 것은 아니지만 대림 시기에는 그런 일에도 가책이 느껴졌습니다. 그래서 대림 시기 동안만이라도 TV를 덜 보기로 결심하고 대림 시기 첫날부터 실천하고 있습니다.

저도 있습니다. 대림 시기 강론을 준비하면서 신자들에게는 회개하라고, 무언가 나아지려는 행동을 하라고 권하면서, 신부인 저는 무슨 회개를 할까 생각하다가 회개할 거리 하나를 찾아냈습니다. 신자들로부터 무언가를 받았을 때 우선 말로라도 감사를 하기로 택배나 인편으로 받았을 때는 빼놓지 말고 확인 전화를 하기로 결심했습니다. 그동안 신자들한테 무언가를 받고도 받았다는 표시를 하지 않은 적이 많았습니다.

《예수님 따라 하기》라는 책이 나왔을 때 그동안 제게 호의를 베푼 사람들에게 선물로 한두 권씩을 택배나 인편으로 보냈습니다. 그런데 선물을 받고도 아무런 말이 없는 사람들이 더러 있었습니다. 고맙다는 말을 듣고 싶어서가 아니라 주소가 틀리거나 해서 배달이 안 되었을까 걱정이 되어 확인 전화를 기다린 것입니다. 그래도 특별히 생각한 사람들에게만 책을 보냈는데, 받고도 아무 소식이 없으니 조금 섭섭하기도 했습니다.

그러면서 제 자신을 돌이켜 봤습니다. 그동안 무엇인가를 받고도 확인 전화나 감사하다는 말조차 하지 않았던 적이 여러 번 있었습니다. 그래서 저는 이번 대림 시기부터는 누군가로부터 무엇을 받으면 반드시 잘 받았다고 감사의 뜻을 전하기로 결심했습니다. 저는 이번 대림 시기에 이토록 사소한 것을 회개할 거리로 정했답니다.

회개라는 것이 살인강도나 도둑질 같은 큰 죄만을 뉘우치는 것이 아니라 아주 작은 잘못까지도 뉘우쳐 죄에서 돌아오는 것입니다. 더 나아가서는 지금보다 더 나은 삶을 위해 어떤 행동을 하는 것도 회개의 하나입니다. 바오로 사도의 회개가 바로 이런 회개였죠. 사실 바오로 사도는 율법에 대한 열성도 대단했고 거의 흠 없이 살았기에 죄와는 거리가 먼 삶이었습니다. 본인도 자신의 삶이 자랑할 만하다고 표현하기도 했습니다.

그러나 바오로 사도는 주님과의 특별한 만남 이후 그런 자랑스러운 삶을 모두 포기합니다. 지금까지 자신이 살아왔던 일상의 삶이 죄스러운 것은 아니었지만, 하느님 나라의 건설이나 하느님의 생명을 살아가는 데는 적절한 삶이 아니었습니다. 오히려 그리스도를 모시는 데 방해가 된다는 사실을 깨달았습니다. 그 좋아 보이던 권력이나 재물 등이 오히려 쓰레기처럼 보였습니다. 그래서 바오로 사도는 그동안 자신이 살아온 삶을 완전히 포기하고 새로운 삶을 살기 시작했습니다. 바오로 사도의 회개는 죄에서 돌아오는 회개라기보다 더 나은 삶으로 돌아오는 회개였던 것입니다.

요한 세례자는 우리에게도 회개하라고 촉구합니다. 우리

가 큰 죄를 지었을 때는 당연히 회개해야 하지만 그런 죄를 짓지 않았더라도 지금보다 더 나은 삶으로 돌아가는 회개를 할 수 있습니다. 이런 진정한 회개야말로 다가오는 성탄에 주님을 기쁘게 맞이할 수 있는 가장 좋은 준비일 것입니다.

기쁨을 미리 맛보는 날

　인간은 현재를 살면서도 미래의 일을 미리 앞당길 수 있는 힘이 있습니다. 그래서 우리는 지금 당장은 기쁜 일이 없어도 미래에 올 기쁨을 미리 맛보며 기뻐할 수 있고, 지금 당장은 고통스러운 일이 없어도 미래의 고통을 미리 맛보며 고통을 겪을 수도 있습니다.

　어린아이들이 주사를 맞기 전부터 우는 것은 곧 닥쳐올 아픔을 미리 느끼기 때문입니다. 아직은 고통이 없는데도 미래에 올 고통을 미리 느끼고 아파하는 것입니다. 대중 앞에 서면 얼굴이 빨개지고 떨리는 울렁증이 있는 사람은 대중 앞에 서

기도 전에 벌써 가슴이 두근두근하고 콩콩 떨리는 증상을 느낍니다. 이것은 곧 닥쳐올 수줍음과 부끄러움을 미리 맛보기 때문입니다. 심리학자들은 '불안은 현재의 고통에 대한 느낌이 아니라 미래에 있을지도 모르는 고통을 미리 느끼는 감정'이라고 설명합니다. 인간이 미래의 고통을 미리 느끼는 것처럼 미래의 기쁨과 행복도 미리 느낄 수 있습니다. 내일 사랑하는 사람과 만나기로 되어 있다면 내일 올 기쁨을 오늘부터 맛보고 행복해질 수 있습니다. 그래서 오늘의 삶이 고통스러워도 내일 올 기쁨 때문에 오늘 행복해질 수 있는 것입니다.

우리는 어렸을 때 소풍 가기 전날이면 잠을 설치곤 했습니다. 미래에 올 즐거움을 미리 맛보고 느끼기 때문이었죠. 사랑하는 사람을 위해서 하는 일은 아무리 힘들어도 힘든 줄 모릅니다. 지금 자신이 하는 일이 미래에는 사랑하는 사람에게 기쁨이 되고 자신에게도 기쁨이 될 것이므로 현재의 고통조차도 기쁨으로 느낄 수 있는 것입니다. 이것을 신앙에 그대로 적용시켜서 "진정한 신앙인은 미래에 확실히 올 구원의 기쁨을 지금부터 미리 느끼기 때문에 오늘이 아무리 고통스럽더라도 오히려 기쁨을 느끼는 사람이다."라고 말할 수 있습니다.

이사야 예언자는 귀양살이를 하고 있던 이스라엘 사람들에게 아직은 고통스럽겠지만 머지않아 주님이 해방시켜 주시어 고통과 불행을 없애 주실 테니 기뻐하라고 말합니다(이사 35장 참조). 그래서 이스라엘 백성들은 아직 구세주의 세상인 지상 천국이 오지 않았지만 곧 오실 하느님 나라를 미리 맛봄으로써 그 큰 고통 중에서도 기뻐할 수 있었던 것입니다.

야고보 서간의 저자는 5장에서 시련을 당하고 있는 신자들에게 머지않아 올 기쁨을 생각하며 희망을 갖고, 참고 기다리라고 했습니다. 마태오 복음 11장에서는 먼 옛날부터 내려오던 희망을 직접 현실에서 보여 주었습니다. 즉 소경, 절름발이, 나환자, 귀머거리들이 치유되고, 라자로 같은 죽은 사람이 살아나고, 가난하고 소외받던 사람들이 사람대접을 받음으로써 새로운 세상을 체험합니다. 요한 세례자는 예수님의 이런 기쁜 소식을 듣고는 감옥에서 죽음을 기다리면서도 기쁨을 감출 수 없어 눈물까지 흘립니다.

예수님은 이제 우리 한 사람 한 사람에게 그런 나라로 가자고 부르십니다. 2천 년 전에 오셨던 예수님을 우리 안에 오시게 함으로써 고통 중에도 기쁨을 누릴 수 있도록 우리를 초대하십니다. 예수님의 이런 부르심에 인도되어 고통 중에도 큰 기쁨을 누리는 신자들이 있습니다. 그들은 미래에 주님이 주실 구원과 행복을 생각하고 그 기쁨을 미리 맛봄으로써 고통 중에도 오히려 참기쁨과 행복을 누리고 있습니다.

10여 년을 누워 지낸 환자 요셉 할아버지는 봉성체를 해 주러 간 저의 손을 잡고 "신부님 저는 10년이나 중풍으로 누워서 지냈지만 지금은 너무나 행복하고 감사합니다. 머지않아 제가 누릴 천당 행복을 생각하면 어려서 소풍 가기 전날 잠을 설치던 것처럼 설레고 행복하답니다. 제가 만일 중풍에 걸리지 않았더라면 아마도 이처럼 천국의 기쁨을 미리 맛보지 못하고 구세주께서 주실 기쁨을 미리 누리지 못했을 겁니다."라고 말했습니다.

우리도 아직은 많은 고통 중에 있지만 언젠가는 맞이하게 될 주님 나라의 기쁨을 미리 맛보고 행복하게 살 수 있습니다. 2천 년 전에 베들레헴에 오셔서 온 세상 사람들에게 빛과 희망을 주신 주님이 우리들의 삶에 오시어 하느님 나라의 행복을 미리 맛보게 해 주실 것입니다.

꿈을 버리면 기적이 일어난다

꿈은 이루어집니다. 2002년 한국과 일본에서 열렸던 월드컵에서 우리는 4강의 꿈을 현실로 만들어 냈고 2010년 U-20 여자 월드컵에서는 더 큰 꿈을 이루어 냈습니다. 이렇게 큰 꿈이 아니고 아주 작은 꿈이라도, 그리고 그것이 허무맹랑하고 불가능한 망상 같은 꿈만 아니라면 그 꿈은 이루어집니다.

꿈이 이루어지듯 기적도 이루어질 수 있을까요? 바로 나에게 기적이 일어날 수 있을까요? 마태오 복음 1장 18-25절의 예수 그리스도의 탄생에 대한 말씀을 저는 이렇게 묵상했습니다. 평범한 시골 처녀인 마리아는 소박한 꿈을 가지고 있었습니다. 사랑하는 남자인 요셉과 결혼하여 아들딸 낳고 행복하게 오순도순 사는 것이 바람이요 꿈이었습니다. 과분한 꿈도 아닌 누구나 이룰 수 있는 소박하고 평범한 꿈입니다. 그런데 어느 날 하느님의 사자인 천사가 나타나서 이 소박한 꿈을 완전히 부숴 버립니다. 사랑하는 남자와 결혼하여 아들딸 낳고 행복하게 살고 싶은 꿈을 포기하고 하느님이 일러 주시는 대로 살라는 것입니다.

약혼자인 요셉도 모르게 남자 없이 아기를 임신하라는 것인데 그러면 그 약혼자 요셉이 가만히 있겠습니까? 혹시 약혼자가 마음이 너무 착해서 가만 놔둔다 해도 시집가기 전에 처녀가 임신한 걸 보면 동네 사람들이 가만 놔두지 않을 것입니다. 당시의 법에 따라 돌로 쳐 죽이려 할 것입니다. 구세주 아기 예수님을 잉태했다고 하지만 아기를 낳기도 전에 돌에 맞아 죽을 것은 불 보듯 뻔합니다.

마리아는 여기서 한 가지를 선택해야 합니다. 사랑하는 약혼자와 결혼해서 오순도순 행복하게 살고 싶은 자신의 꿈을 이룩할 것인가? 아니면 자신의 꿈을 포기하고 돌에 맞아 죽더라도 하느님의 뜻을 따를 것인가? 선뜻 결정하기 어려운 기로에서 마리아는 "주님의 종이오니 그대로 제게 이루어지소서."(루카 1,38 참조)라고 응답함으로써 자신의 꿈을 버리고 하느님의 길을 선택합니다.

그 순간 기적이 일어났습니다. 남자와 동침하지도 않았는데 아기를 임신한 것입니다. 이보다 더 큰 기적이 또 있습니까? 태어날 때부터 눈먼 이를 고쳐 주신 기적보다, 빵 다섯 개로 오천 명을 먹이신 기적보다 더 큰 기적이 일어난 것입니다. 자신의 꿈을 포기하자 꿈보다 훨씬 큰 기적이 일어났습니다. 만일 마리아가 자신의 꿈을 이루려고 하느님의 계획을 거절하고 요셉과 보통 사람처럼 결혼해서 아들딸 낳고 살았더라면 자신의 꿈은 이루었을지 몰라도 기적은 이룰 수 없었을 것입니다.

골롬바는 자신의 어머니가 구질구질하게 산다고 생각하여 '난 절대 엄마처럼 살지 않을 거야.' 하고 다짐했습니다. 그녀는 서른이 넘어 자식을 키우면서 그제서야 어머니의 사랑을 깨닫고 "엄마, 나도 엄마처럼 살래. 엄마, 고맙습니다."라고 고백했습니다. 엄마와는 다르게 살겠다는 자신의 생각을 버리고 엄마처럼 살겠다고 자신의 계획을 바꿈으로써 그 딸은 이제 비로소 어머니의 마음을 아는 자식, 사람다운 사람, 여자다운 여자, 엄마다운 엄마가 될 것입니다.

자신이 하는 일이 분명 하느님의 뜻과 거리가 먼 것임을 뻔히 알면서도 자신의 꿈만을 향해 나가는 것은 신앙인의 자세가 아닙니다. 그런 사람은 자신의 꿈은 이루거나, 인간이 발휘할 수 있는 능력을 최대한 발휘할 수 있을지는 몰라도 기적을 일으킬 수는 없습니다. 기적은 하느님의 뜻을 위해 인간의 꿈과 인간적인 요소를 포기할 때 하느님이 내리시는 최고의 선물이기 때문입니다.

그런가 하면 자신이 손해 볼 것을 알면서도 하느님의 뜻이기 때문에 용감하게 그 길을 가는 진짜 신자도 있습니다. 자신의 꿈은 이루어졌지만 그것이 하느님의 뜻에 어긋난 것임을 알고는 바로 길을 바꾸는 참된 신자도 있습니다.

여러분도 하느님의 기적을 얻기 위해 여러분의 꿈을 버릴 수 있습니까? 김 신부님에게는 청년 시절에 죽도록 사랑했던 아가씨가 있었는데 그녀와 결혼해서 행복하게 살고 싶은 꿈을 버리고 신학교에 들어가 사제가 되었습니다. 그는 사제가 된 후 신자들의 존경을 한 몸에 받는 훌륭한 사제로 살고 있습니다. 하느님은 자신의 꿈을 버리고 하느님의 뜻을 따랐던 그 신부님 안에 기적을 일으키신 것입니다.

세속적인 꿈과 하느님이 주시는 기적은 동시에 일어날 수 없습니다. 세속적인 꿈을 버리지 않으면 하느님이 주시는 기적을 바랄 수 없습니다. 성모 마리아처럼 세속적인 꿈을 버림으로써 하느님의 어머니가 되는 대단한 기적이 우리 안에서도 일어나기를 감히 기도해 봅니다.

하느님의 자녀

우리는 세례성사를 받은 신자들입니다. 세례성사란 '하느님의 자녀로 태어나 하느님의 생명에 참여하는 성사'입니다. 우리가 세례성사를 받기 전에는 인간의 자녀로 태어나 인간의 삶을 살았습니다. 그러나 지금은 세례성사를 받아 하느님의 자녀가 되었습니다. 생명을 가진 모든 존재는 무엇으로 태어나느냐에 따라 어떤 삶을 살아갈지 결정됩니다. 동물로 태어나면 동물의 생명으로 삽니다. 하루살이는 하루만 살다 죽는 하루살이의 생명을 살고, 파리는 며칠 동안 파리 목숨을 살고, 개는 개밥을 먹고 개집에서 살다가 보신탕이 될 수도 있는 개의 생명을 살아갑니다.

　우리는 사람으로 태어나서 사람의 생명을 받아 사람의 삶을 살아갑니다. 곤충이나 짐승보다 훨씬 가치 있고 고귀한 삶을 살아갑니다. 100여 년 가까이 살면서 진선미를 알고 자유를 누리며 사랑도 합니다. 또한 뛰어난 지혜로 삶의 질을 향상시키고 행복을 추구하며 삽니다. 그러나 이런 고귀한 인간의 생명에도 한계가 있어 언젠가는 늙고 병들어 죽게 됩니다.

　그런데 이런 한계를 가진 존재인 인간이 세례성사를 받으면 전혀 다른 존재가 됩니다. 하느님의 생명을 받아 그분의 자녀가 되는 것입니다. 돼지의 새끼가 돼지의 삶을 살고 사람의 자녀가 사람의 삶을 살듯이 하느님의 자녀가 되면 하느님의 삶을 사는 것입니다. 세례를 받지 않은 사람은 파리나 동물의 삶보다는 가치가 있겠지만 인간의 삶 그 이상을 살 수는 없습니다. 그러나 세례를 통해 하느님의 자녀가 된 사람은 인간의 삶을 넘어 하느님의 생명을 받아 하느님의 삶을 살아가는 것입니다.

　왕세자가 없는 어떤 임금이 시골 촌뜨기를 왕세자로 뽑았습니다. 시골에서 상민의 자식으로 태어나 낫 놓고 ㄱ자도 모르는 천하디 천한 시골 촌뜨기가 왕세자가 된 후 삶이 달라졌습니다. 왕자의 옷을 입고 왕자의 음식을 먹고 왕자의 대접을 받으며 왕궁에서 생활합니다. 삶이 완전히 달라졌습니다. 이제 더 이상 천덕꾸러기 상놈의 아들이 아니라 머지않아 임금이 될 왕자가 되었습니다. 이제 나라 전체가 자신의 것이고 모든 재산과 부귀영화가 자신의 손 안에 있습니다.

한낱 인간이 세례를 받아 하느님의 자녀가 된다는 것은 마치 천하디 천한 상민의 아들이 일약 왕세자가 되는 것에 비교할 수 있습니다. 아니 세상의 왕세자가 되는 것보다 훨씬 더 큰 출세요 변화며, 더 큰 축복과 행복을 얻는 것입니다. 세례를 받아 하느님의 자녀가 된 사람은 인간의 임금님보다 천 배 만 배 높으신 하늘의 임금님의 아들딸이 된 것입니다. 그래서 세례받은 신자들은 하느님의 왕자요 하느님의 공주입니다. 세례받은 신자들은 왕자답게 공주답게 살아야 하고, 왕자와 공주의 대접을 받아야 마땅합니다.

자녀는 부모의 상속을 받습니다. 우리는 세례성사를 받아 하느님의 자녀가 되었으니 하느님 나라를 상속받게 됩니다. 우리가 아직은 인간의 생명으로 인간의 삶을 살지만 이 세상의 삶을 마친 다음에는 하느님 나라를 상속받아 하느님의 생명을 영원히 누릴 것입니다. 그래서 세례를 받은 우리의 삶은 세례를 받지 않은 사람과 다릅니다. 단순히 인간의 생명으로만 살아가는 사람들은 몇십 년 후에 그 삶이 끝난다고 여기므로 살아 있는 동안 무언가 더 가지려고 안간힘을 씁니다. 그러나 세례를 받은 우리는 이 세상에서의 삶이 전부가 아님을 알기에 이 세상에서 무엇인가를 더 가지려고 발악하지 않습니다. 아니 그럴 필요가 없습니다. 그러므로 사람이 세례를 받고 하느님의 삶을 살기 시작하면 완전히 다른 사람이 됩니다. 장애인 김 씨는 여러 번 자살을 시도할 만큼 절망적인 삶을 살다가 세례를 받고 하느님의 자녀가 된 후, 삶이 행복으로 바뀌었습니다.

우리가 받은 세례성사의 은총이 얼마나 큰지 깨닫는 순간 그 은총은 더 커질 것입니다. 기껏해야 100년도 못 사는 인생이, 그 100년 동안에도 인간 능력의 한계 때문에 수없이 많은 고통으로 살다가 죽어 없어질 가련한 우리가 감히 하느님의 자녀가 되다니! 하느님 나라를 상속받아 영원히 살 거라니! 이 얼마나 큰 축복이요 영광이요 행복입니까? 하느님의 아들 왕자님들과 하느님의 딸 공주님들, 진심으로 축하드립니다.

하느님은 어떤 분이신가요?

작년에 제가 엄지손가락을 붕대로 싸매고 다녔더니 한 신자가 "아니 신부님도 다치세요? 우리 같은 죄인이야 넘어지면 다치는 게 당연하지만 신부님이야 하느님이 보호해 주시고 막아 주시는 줄 알았는데요."라고 뼈 있는 농담을 했습니다. 하느님은 이 세상에서 당신 말을 잘 듣는 사람에게는 복을 주시고 당신 뜻을 어기는 사람들에게는 벌을 주신다는 생각을 드러낸 것입니다. 그러나 이는 지극히 잘못된 생각입니다. 하느님을 몰라도 너무 모르는 소리입니다.

불교에서 가장 큰 죄는 무지無知, 즉 알지 못하는 것이라고 합니다. 요한 복음에 보면 요한 세례자가 두 번이나 예수님에 대해서 "나는 이분이 누구신지 몰랐다."(요한 1,31-33 참조)라고 고백하면서 늦게라도 알게 된 것을 다행으로 여깁니다.

수녀님들의 가족 이야기를 들어 보면 딸이 수녀원에 들어가는 것을 반대했던 부모님들이 많습니다. 하느님이 누구신지 몰랐기 때문이겠죠? 그중에는 외동딸이 수녀원에 간 후 매일 아침 찬물을 떠 놓고 하루 속히 수녀원에서 나오도록 신령님에게 빌었다는 어머니도 있습니다. 하느님이 어떤 분이신지 몰랐을 때는 딸이 수녀원에 들어가는 것을 그렇게 반대하더니, 하느님이 누구신지 알고 나서는 수녀원에서 살고 있는 딸보다 더 열심히 신앙생활을 하는 부모님들도 있습니다. 그래서 이분들의 기도 덕택에 딸 수녀들이 잘 살아가고 있답니다. 하느님을 제대로 알기 전과 후의 삶이 이렇게 차이가 나는군요.

바오로 사도도 처음에는 예수님이 누구신지 몰라서 예수님을 믿는 사람들을 박해했지만 그분을 알고 나서는 사람이 달라졌습니다. 예수님을 알기 전에는 로마 시민임을 자랑으로 여기며 부귀영화를 좇으며 살았지만, 예수님을 알고 나서는 그 좋아하던 것들이 쓰레기로 여겨진다고 했습니다.

저에게도 좋아하던 것이 쓰레기처럼 하찮아 보였던 체험이 있습니다. 민물낚시 중에서 붕어 낚시가 으뜸이라면, 바다 낚시에서는 단연 '도미(돔)'을 잡는 재미가 첫째라고 낚시꾼들은 말합니다. 제가 낚시로 도미를 낚아 보기 전에는 고등어를 낚는 재미를 대단하다고 생각했는데, 도미 낚는 재미를 느끼고부터는 고등어를 잡는 재미는 아주 형편없이 느껴졌습니다. 도미 중에서도 특히 감성돔을 잡는 손맛을 알고부터는 고등어를 잡는 재미는 쓰레기처럼 하찮게 보였습니다. 전에는 팔뚝만 한 고등어를 잡는 것이 그렇게 재밌었는데 감성돔을 잡는 재미를 알고 난 후에는 고등어는 고기로 보이지도 않았습니다.

저는 여기서 참으로 깊은 진리를 깨달았습니다. 바오로 사도도 주님을 알기 전에는 세속과 물질을 그렇게 좋아했는데 주님을 알고부터는 물질이 주는 기쁨이 쓰레기에 불과하다는 것을 깨달았듯이, 우리도 하느님을 알고 신앙의 참맛을 안다면 그 좋아 보이던 세상 재물이나 부귀 권세가 하나같이 쓰레기로 보일 것이라는 사실이었습니다.

아우구스티노 성인이 《고백록》에서 '늦게야 님을 알았다.' 라고, '님(하느님)이 자신 안에 계시거늘 다른 곳에서 님을 찾았다.' 라고 고백한 것처럼 주님 안에 참행복이 있는데, 사람들은 다른 곳에서 행복을 찾고 있습니다. 순교자들도 처음에는 주님을 몰랐지만 주님을 알고 난 후에는 이 세상 어떤 것보다 주님을 소중히 여겼습니다. 그들은 자식이나 자신의 생명보다도 주님을 더 중요하게 여겼고 마침내 목숨까지 바쳐 순교했던 것입니다.

요한 세례자도 처음에는 예수님이 누구신지 몰랐는데 후에 알고 보니 하느님이요 주님이라고 고백합니다. 우리도 세례성사를 받으면서 하느님을 알게 되었습니다. 주님을 알지 못할 때에는 세상의 쾌락과 물질을 그토록 좋아했지만 주님을 알고부터 우리는 달라졌습니다. 주님을 모를 때에는 이 세상에서 물질이나 건강이 최고인 줄 알았고, 부귀 권세가 인생을 풍요롭고 행복하게 하는 줄 알고 살아왔습니다.

그러나 주님이 주시는 축복과 신앙의 혜택을 알고부터는 이 세상을 달리 보게 되었습니다. 바오로 사도처럼 물질을 쓰레기로 보는 경지에까지는 아직 다다르지 못했지만, 재물에 끌려다니지는 않게 되었습니다. 세상의 부귀영화가 삶을 풍요롭게 하는 것이 아니며 영원한 구원을 가져다주는 것이 아님을 마침내 깨닫게 되었습니다.

"참 좋으신 하느님, 당신이 누구신지 모르던 저희를 부르시어 당신을 알게 해 주시고 영원한 생명으로까지 이끌어 주시니 감사드립니다."

신앙은 선택이다

우리가 예수님을 잘 따르려면 예수님을 잘 따른 사람들, 예수님을 따르는 데 선수이며 프로인 사람들을 본받고 따라 하면 됩니다. 마태오 복음 4장에는 예수님을 잘 따른 사람들의 이야기가 나옵니다. 예수님에게 직접 배운 사람들이니까 예수님 따르는 데 있어서는 프로 중의 프로들입니다.

어부였던 베드로와 안드레아 형제에게 예수님이 "나를 따라오너라."(마태 4,19) 하시자 그들은 곧 그물을 버리고 예수님을 따랐고 야고보와 요한도 배를 버리고 아버지를 떠나 예수님을 따랐습니다. 그들은 생업 수단이었던 그물과 배를 버리고 아버지까지 떠나면서 예수님을 따랐습니다. 따라서 우리도 예수님을 잘 따르려면 우리가 지금 가지고 있는 무엇인가를 버려야 합니다.

사람들은 '버리는 것'을 '잃는 것'으로 여겨 손해인 것처럼 생각합니다. 그러나 사실 버리는 것은 잃는 것이 아니라 다른 것을 '얻는 것'입니다. 둘 다 가질 수 없을 때 하나를 얻기 위해 다른 것을 버릴 수밖에 없습니다. 한 처녀가 두 총각을 사귀더라도 결혼할 때에는 한 총각을 선택해야 합니다. 둘 다 취할 수는 없으므로 한 총각은 버릴 수밖에 없기 때문입니다.

이 세상에는 두 가지를 다 할 수 있는 것이 있고 한 가지만을 선택해야 하는 것이 있습니다. 예수님을 따르면서 동시에 할 수 있는 것도 있고 할 수 없는 것도 있습니다. 예수님을 따르면서 장사로는 돈을 벌 수 있지만 도둑질로는 돈을 벌 수 없습니다. 예수님을 얻으려면 예수님의 뜻에 어긋나는 것을 버려야 하고 예수님의 뜻에 어긋나는 것을 얻으려면 예수님을 버려야 합니다. 둘 다 한꺼번에 취할 수는 없는 것입니다.

'삶이란 선택'이라고 말할 수 있습니다. 선택은 하나를 얻기 위해 다른 것을 버리는 것입니다. 음식점에 가서 자장면을 먹기 위해서는 우동을 먹고 싶은 마음을 버려야 하고, 된장찌개를 먹기 위해서는 동태찌개를 먹고 싶은 마음을 버려야 합니다. 이와 마찬가지로 주일 미사에 오기 위해서는 그 시간에 등산을 가고 싶은 마음이나 집에서 푹 쉬고 싶은 마음을 버려야 합니다. 둘 중 하나를 선택하고 하나는 버려야 하는 것입니다.

우리는 우리의 일상생활에서 무엇이 예수님을 따르는 길이고 무엇이 예수님을 버리는 길인지 잘 알고 있습니다. 저는 나이가 들어가면서 종종 외롭고 쓸쓸할 때가 있었습니다. 그럴 때면 가정을 가졌다면 얼마나 좋았을까 하는 생각이 아주 잠깐 들기도 했습니다. 그러나 저는 가정을 가지려면 사제직을 버려야 하고 사제 생활을 계속해 가려면 가정을 가질 생각을 버려야 함을 잘 알고 있습니다. 그래서 결국 가정을 가질 생각을 버리고 사제직을 택하여 지금까지 살고 있습니다.

복음에서 사도들은 우리에게 일상을 살아가는 데 꼭 필요한 것까지 버리고 주님을 따라야 한다는 것을 보여 주었습니다. 그들은 예수님의 부르심에 핑계도 변명도 주저함도 없이 즉각 따라나섰습니다. 어부의 전 재산인 배와 그물뿐만 아니라 가족마저도 기꺼이 포기하고 주님을 따랐습니다.

　이런 제자들의 선택은 매일 매 순간 주님의 부르심에 응답하며 살아가야 하는 우리에게 모범 답안이 됩니다. 우리는 매일매일의 일상생활에서 크고 작은 주님의 부르심을 수없이 들으며 살아갑니다. "베드로야 이렇게 하여라. 마리아야 저렇게 하여라." 이런 주님의 부르심을 선택하고 나의 욕심을 버리느냐? 아니면 나의 욕심을 선택하고 주님의 부르심을 거절하느냐? 우리는 끊임없이 주님의 부르심과 세상의 손짓 이 둘 중 하나를 선택해야 합니다.

　우리가 복음에서 듣는 "회개하여라.", "나를 따라오너라." 하시는 주님의 말씀은 바로 '하나를 버리고 다른 하나를 선택하라'는 것이고 '하느님의 뜻에 어긋나는 것을 버리고 하느님의 뜻에 맞는 것을 선택하라'는 것입니다. 그런 선택의 길이 바로 사도들이 우리에게 보여 준 '주님을 잘 따르는 길'입니다. 여러분은 그동안의 삶에서 주님과 세상 둘 중 어느 쪽을 버리고 어느 쪽을 선택해 왔습니까?

진정한 행복

미국의 한 교육학 교수가 어떻게 행복을 찾게 되었는지를 이야기한 적이 있습니다. 그가 지식에서 행복을 찾으려 했을 때 얻은 것은 환멸이었고 여행에서 행복을 찾으려 했을 때 얻은 것은 피로였습니다. 돈에서 행복을 찾다가 얻은 것은 싸움이었고 글쓰기에서 행복을 찾다가 얻은 것은 피폐함이었습니다. 어느 날 그가 기차역 앞에서 작은 차 한 대를 보았습니다. 차 안에는 젊은 엄마가 깊이 잠든 갓난아이를 안고 있었습니다. 그때 기차에서 한 남자가 내려 차로 다가오더니 아내에게 키스를 하고 아이가 깰까 봐 조심스레 아기의 볼에 입맞

춤을 했습니다. 그리고 남자는 차를 몰고 떠났습니다. 그 순간 교수는 진정한 행복이 무엇인지를 발견했다고 합니다.

많은 사람들은 행복이 있지 않은 곳에서 행복을 찾으려 합니다. 어떤 사람은 재물이 있는 곳에 행복이 있는 줄 알고 악착같이 재물을 모았지만 재물에는 행복이 없었습니다. 재물에서 얻은 것은 행복이 아니라 쾌락일 뿐이었습니다. 복권이 당첨되어 엄청난 돈을 갖게 된 사람들 중에 많은 수가 폐인이 되어 불행해졌다는 기사를 어느 잡지에서 읽은 적이 있습니다.

어떤 사람은 지위로 행복을 얻으려 했지만 그가 지위로 차지한 것은 한때의 영화에 지나지 않았습니다. 어떤 사람은 명예로 행복을 얻으려 하지만 명예로 누린 것은 한때의 허영에 지나지 않았습니다. 어떤 사람은 행복이 육체의 건강이나 외모에 있는 줄 알고 외모와 건강에 온 힘을 다 기울여 건강하고 아름다운 육체를 만들어 냈지만 거기에도 역시 행복은 없었습니다. 이 사람들은 모두 행복이 없는 곳에서 행복을 찾으려 했던 것입니다. 그래서 예수님은 마태오 복음 5장에서 참행복이 어디에 있는지, 참행복은 어떤 것인지 여덟 가지나 알려 주셨습니다.

예수님이 가르쳐 주신 여덟 가지 참행복 중에서 제일 앞에 나오는 것이 바로 가난에서 오는 행복입니다. "행복하여라, 마음이 가난한 사람들!"(마태 5,3) 너도나도 부자가 되어야 행복한 줄 알고 부자가 되려고 난리인데 예수님은 정반대로 말씀하십니다. 여기서 가난이란 물질적인 빈곤만을 말하는 것이 아닙니다. 물질이 없어 궁핍하면서도 물질에 얽매어 물질을 갖고 싶어 안달이 난 사람들은 예수님이 말씀하시는 가난한 사람이 아닙니다. 물질이 많든 적든 물질보다 정신에, 정신 중에서도 주님이 가르치시는 사랑의 정신에 가치를 두는 사람이 바로 '마음이 가난한 사람'으로 진정 행복한 사람입니다. 가난한 사람이 행복하다는 이 말씀은 하느님이신 예수님의 말씀이므로 절대적인 불변의 진리입니다.

예수님은 어리석은 부자의 비유(루카 12,16-21 참조)에서도 재산만을 의지하면서 끝없는 욕심을 부리는 것이 얼마나 불행한 삶인지 가르쳐 주셨습니다. 재물이 많아야 행복할 수 있다고 생각하는 사람은 평생 행복하기 어렵습니다. 왜냐하면 이 세상의 그 어떤 사람도 자신이 만족할 만큼 넉넉한 재물을 가질 수는 없기 때문입니다. 재물이 많아야 행복할 수 있다고 생각하는 사람들에게 예수님은 가진 것이 없어도 행복할 수 있다고, 아니 가난해야 행복하다고 분명하게 말씀하십니다. 아무리 재물이 부족하고 가난하더라도 하느님을 삶의 중심에 모시고 산다면 행복할 수 있고, 아무리 어려운 처지에 빠져도 하느님과 함께 산다면 행복할 수 있음을 가르쳐 주십니다.

영국의 〈런던 타임즈〉가 영국인들을 대상으로 가장 행복한 사람을 조사했는데 상위에 뽑힌 네 부류의 사람은 뜻밖에도 소박한 서민들이었답니다. 제일 행복한 사람은 바닷가에서 멋진 모래성을 완성한 어린이고, 둘째가 아기를 목욕시킨 후 맑은 눈동자를 바라보는 어머니, 셋째는 멋진 공예품을 완성하고 손을 터는 예술가, 넷째는 죽어 가는 생명을 수술로 살려 낸 의사였답니다. 행복한 사람들 중에 재벌이나 귀족은 거의 없었습니다. 행복은 물질이나 부귀 권세에 있는 것이 아님을 또 한 번 입증한 것입니다.

적게 가지고 있으면서 적게 바라는 사람은 많이 가지고 있으면서 더 많이 갖기를 바라는 사람보다 더 행복하답니다. 그래서 신부님들과 수녀님들은 행복합니다. 가진 것도 적고 바라는 것도 적기 때문입니다. 이처럼 진정한 만족감은 얼마나 갖고 있느냐에 달려 있지 않습니다. 마찬가지로 행복도 얼마나 많이 갖고 있느냐에 달려 있지 않음을 우리는 복음에서 배웁니다. 행복하기 위해서 디오게네스에게는 목욕통 하나로 충분했지만 알렉산더 대왕에게는 온 세상도 너무 좁고 부족했답니다. "행복하여라, 마음이 가난한 사람들!"(마태 5,3)이기 때문이죠.

빛과 소금

 마태오 복음에서 예수님은 우리에게 빛이 되고 소금이 되라고 하십니다(마태 5,13-16 참조). 이 세상의 그 많은 것들 중에서 왜 하필이면 빛과 소금이 되라고 하셨을까요?

 광해군에 관한 일화가 있습니다. 조선 시대 선조가 세자 책봉에 앞서 여러 왕자들의 지혜를 시험해 보았습니다. "너희들은 이 세상에서 가장 맛있는 음식이 무엇이라고 생각하느냐?" 선조의 질문에 왕자들은 별로 대수롭지 않은 듯 떡, 꿀, 고기라고 말했는데 광해군은 뜻밖에 "소금입니다."라고 대답했답니다.

선조가 그 까닭을 물으니 "모든 음식에는 소금이 들어가야 맛이 나기 때문입니다."라고 대답했습니다. 선조는 이에 크게 만족하여 그의 형인 임해군과 그 밖의 여러 왕자들을 제쳐 두고 그를 세자로 책봉하였습니다.

소금이 어떤 것이기에 그토록 소중한 가치를 지니며 예수님은 왜 우리에게 소금이 되라고 하셨을까요? 소금은 인간의 생리 작용에 꼭 필요한 음식입니다. 소금의 짠맛은 우리에게 생명을 주는 역할을 하며, 소금을 전혀 먹지 않으면 결국 죽게 됩니다. 그리고 소금은 썩는 것을 막습니다. 생선이 썩지 않도록 소금에 절이지요. 또한 소금은 음식이 제맛이 나게 합니다. 음식이 너무 싱거우면 맛이 나지 않기 마련입니다.

그럼 빛이 되라고 하신 이유는 무엇일까요? 빛은 소금보다도 더 큰 역할을 합니다. 빛은 이 세상 모든 것들에게 생명을 주고 성장시켜 줍니다. 빛이 없다면 어떠한 생명체도 존재할 수 없습니다. 또한 빛은 어두움을 사라지게 합니다. 그리고 빛은 따뜻함을 줍니다. 빛이 비추지 않는 곳은 춥습니다. 얼어붙은 얼음도 따뜻한 빛이 비치면 스르르 녹습니다.

그러면 어떻게 해야 빛이 될 수 있을까요? 빛을 내는 촛불을 살펴봅시다. 초는 가만히 있어서는 제구실을 하지 못하고 자신의 몸을 태워야 비로소 빛을 냅니다. 자신이 타서 없어져야 제구실을 해서 빛을 내보냅니다. 빛의 원천인 태양도 가만히 있는 게 아니라 끊임없이 타오르는 불덩어리라고 합니다. 태양이 자기 자신을 불덩어리로 태우기 때문에 그 열과 빛이 이 지구까지 뻗쳐 오는 것입니다. 빛이 되려면 자신을 태워야 합니다. 가만히 있어서는 절대로 빛이 될 수 없습니다.

소금도 마찬가지입니다. 녹아서 자신이 없어져야 음식에 맛을 내고 부패를 방지할 수 있습니다. 부뚜막의 소금도 집어넣어야 짜기 때문입니다.

세상 만물은 대부분 존재 그 자체로 제구실을 합니다. 나무, 꽃, 물고기, 짐승, 바위 등은 가만히만 있으면 제구실을 합니다. 우리가 입은 옷도 신발도 기도서도 가만히만 있으면 제구실을 합니다. 그런데 초와 소금은 가만히 있어서는 제구실을 못합니다. 마찬가지로 우리 인간도 가만히 있어서는 제구실을 못합니다. 사람도 초와 소금처럼 자신을 태우고 자신을 녹여야 비로소 사람 구실을 하고 사람다워져서 행복해질 수 있습니다.

자기를 태우지 않는 초는 액세서리에 불과하고 자신을 녹이지 않은 소금은 쓰레기통에 들어갈 쓰레기에 불과합니다. 사람 또한 이웃에게 빛과 소금이 되어 주지 못하고 자신만을 위해 산다면 액세서리나 쓰레기와 다를 바가 없을 것입니다. 이 세상에서는 쓰레기가 아닌 것처럼 보일지 몰라도 예수님의 심판대 앞에서는 그저 쓰레기일 뿐입니다.

그리스도의 제자인 우리는 이 세상의 빛과 소금입니다. 우리 스스로는 능력이 없지만 그리스도와 함께함으로써 빛과 소금의 역할을 할 수 있습니다. 신자들의 진실한 삶은 사회의 부패를 방지하고, 신자들의 기쁨에 넘친 삶은 삶의 의미를 잃어버린 사람들에게 빛을 비추어 줍니다. 신자들의 사랑에 찬 봉사는 가난하고 용기를 잃어버린 이들에게 생기와 희망을 불어넣어 줍니다.

나는 약하고 능력도 없는데 내가 세상의 빛과 소금이 될 수 있을까? 네, 빛과 소금이 될 수 있습니다. 그 넓은 바다가 생명력이 넘치는 삶의 장소가 되기 위해서는 아주 적은 양의 소금 즉 전체 바다의 2%도 되지 않는 소금만이 필요하다고 합니다. 그 적은 양의 소금이 있기 때문에 바닷물이 살아 있고 적은 양의 소금 때문에 생명체가 살아가는 것입니다. 어둠이 깊은 곳에서는 여러 자루의 촛불이 없어도 됩니다. 단 한 자루의 촛불만 있어도 그 주위는 환해집니다. 한 줌의 소금, 한 자루의 촛불이라도 그곳에 녹아 스며들고, 자신을 조금씩 태움으로써 세상의 빛과 소금의 역할을 충분히 수행하게 되는 것입니다.

빛이 되고 소금이 됩시다.

말조심합시다

예수님은 "거짓 맹세를 해서는 안 된다."(마태 5,33)라며 십계명의 여덟 번째 계명을 설명하십니다. 이는 말로써 이웃을 해치지 말라는 계명입니다. 거짓을 말하든 진실을 말하든 말로써 이웃의 마음을 아프게 하거나 이웃의 명예를 훼손하거나 정신적 혹은 물질적 피해를 주거나 상처를 주지 말라는 가르침입니다. 말로써 이웃에게 상처를 주지 않기 위해서는 말을 조심해야 합니다.

유다인의 지혜가 담긴 《탈무드》에 있는 이야기입니다. 어느 나라의 임금이 신하 두 명을 불러 서로 정반대되는 임무를 맡졌습니다. 한 신하에게는 이 세상에서 가장 선한 것을, 또 다른 신하에게는 이 세상에서 가장 악한 것을 가져오라는 명령이었습니다. 임무를 맡은 신하들은 온 세상을 두루 돌아본 후에 답을 찾아왔는데 똑같은 답이었습니다. 둘 다 사람의 '혀'라고 대답했던 것입니다. 임금은 두 신하의 열띤 논쟁을 들어 본 후에 세상에서 가장 선한 것도 혀요, 가장 악한 것도 혀라는 결론을 내렸습니다. 인간의 혀는 어떻게 사용하느냐에 따라 최고의 선도 될 수 있고 최고의 악도 될 수 있다는 뜻입니다.

겨우 세 치 정도인 혀는 엄청난 힘을 지니고 있습니다. 혀를 통해 만들어 내는 말 한마디는 행복과 불행의 열쇠가 됩니다. 무심코 내뱉은 말이 누군가의 마음속에 들어가 자리를 잡고, 마치 살아서 움직이듯 좋은 쪽으로든 나쁜 쪽으로든 영향을 주기 때문입니다.

혀는 민족에 따라 좋게도 나쁘게도 표현됩니다. 대부분의 민족은 상대에 대한 우롱이나 경멸의 표시로 혀를 내민다고 합니다. 우리나라에서 '메롱'이 그렇고, 미국에서는 동전을 입속에 넣고 혀를 내밀어 보이는 것이 굉장한 경멸과 모욕을 나타냅니다. 제가 미국 버지니아 본당에 주임 신부로 있을 때 성당에서 그런 모욕을 당한 적이 있는데 20년이 넘은 지금까지 생각날 정도로 불쾌한 경험이었습니다. 반면에 티베트에서는 혀를 내미는 것이 존경의 인사이고 뉴질랜드의 마오리족에게는 환영의 표시이며, 아프리카 사람들은 혀를 굴려 이상한 소리를 내는 것이 기쁨과 환호의 뜻이기도 합니다.

하여튼 혀를 잘 사용해야 합니다. 야고보 서간 저자는 혀를 삼가라고 권하면서 아무리 신앙심이 깊다고 해도 혀를 제어할 수 없다면 그 신앙심은 무의미하다고 가르칩니다(야고 1,26 참조). 말로써 이웃을 해치는 것은 살인보다 더 큰 피해를 주기도 합니다. 살인은 한 사람만 상하게 하지만 험담은 한꺼번에 여러 사람을 해칠 수 있습니다. 험담을 하는 자신과 험담하는 말을 듣고 동조하는 사람과 그 험담의 대상자를 동시에 해치기 때문입니다. 그러므로 혀를 조심하지 않고 함부로 말해서 이웃을 해치는 사람은 남의 물건을 훔치는 사람보다, 성실하지 못한 사람보다 더 어리석고 더 나쁜 사람이라고 할 수 있습니다.

말로써 이웃을 해치는 죄는 보상하기가 어렵기 때문에 다른 죄보다 더 경계하고 무서워해야 합니다. 예를 들어 물건을 훔친 죄는 훔친 만큼의 물건을 되돌려 주면 보속이 됩니다. 하지만 말로써 끼친 피해는 주워 담을 수 없기에 보속을 다 하기 어렵습니다. 일단 뱉은 말은 쏘아 놓은 화살이요 엎질러진 물이므로 주워 담을 수 없고 기워 갚을 수 없기 때문입니다. 남을 해치려는 악의가 없이 무심코 한 말이라도, 지나가는 말로 그냥 한 말이라도, 심지어 도와주려고 한 말이라도 상대의 마음을 아프게 했다면 그것은 잘못을 저지른 것입니다. 무심코 던진 돌에 지나가는 개구리가 맞아 죽을 수 있기 때문이죠.

  우리 몸에 귀가 둘이고 눈도 둘인데 입은 하나밖에 없는 이유는 두 번 듣고 두 번 본 것을 한 번만 말하라는 뜻이고, 몸은 큰데 입이 작은 이유는 온몸으로 크게 체험한 것이라도 작게 말하라는 뜻이 아닐까요? 우리가 하는 말이 진실이든 거짓이든 상관없이 말로써 다른 사람을 해롭게 해서는 안 됩니다. 마태오 복음 5장에서 예수님이 가르치신 "거짓 맹세를 해서는 안 된다."(마태 5,33)라는 계명, 십계명의 여덟 번째 계명을 잘 지키기 위해서 우리는 이웃에게 해로운 말을 하지 말고 이로운 말만 해야겠습니다.

걱정하지 마세요

2010년 11월 이후 제 건강에 이상 신호가 왔습니다. 배가 아프고 몸무게도 표준 이하로 심하게 줄었습니다. 주변 사람들은 과로와 스트레스 때문에 병이 왔을 거라고 합니다. 돌이켜 보니 몇 달 전까지 54번이나 평화방송 TV에 출연해 특강하랴,《예수님 따라 하기》라는 저서를 출간하랴, 서울에 살면서 폐암으로 투병하다가 하늘나라로 가신 친형님을 문병하고 기도하랴 힘들긴 했습니다.

그런데 사실 저를 힘들게 했던 이 많은 일들은 이미 지나간 지 오래되었습니다. 그런데 왜 뒤늦게 몸에 이상이 온 것일까요? 대학 병원에서 여러 가지 검사를 다 했지만 암 같은 중병의 지표도 나오지 않았는데 왜 그리도 중증 환자 같은 증상이 왔을까요? 며칠 동안 곰곰이 생각하던 중에 〈평화신문〉에 매주 연재하는 '생활 속의 복음'의 원고를 보낼 마감일이 다 되었습니다.

〈평화신문〉에 묵상을 써야 할 복음 말씀은 '걱정하지 마라'입니다. 이 말씀을 묵상하는 중에 "내일을 걱정하지 마라. 내일 걱정은 내일이 할 것이다. 그날 고생은 그날로 충분하다."(마태 6,30-34 참조)라는 부분을 보고 머리를 망치로 얻어맞은 느낌이었습니다. 전에 몰랐던 말씀도 아니고, 제 자신도 신자들에게 수백 번은 했던 말씀인데 이 말씀이 새삼스럽게 저의 심장을 때리는 것 같았습니다.

사실 제가 그동안 가족 관계나 신자들과의 관계에서 쓸데없는 근심 걱정을 너무 많이 했습니다. 지나간 일에 필요 이상으로 집착했고, 다가올 일에도 지나친 상상을, 그것도 나쁜 상상을 많이 했던 게 사실입니다. 그 이유가 나이 탓인지, 갱년기(?) 증상인지 모르겠지만 안 해도 될 쓸데없는 걱정으로 스트레스를 받았던 것이 사실입니다. 그러니까 제 건강을 해친 것은 과도한 업무도, 지나친 피로도 아니었습니다. 그것은 부끄럽게도 쓸데없는 걱정 때문이었습니다.

몇 년 전 미국의 어느 대학 심리학과 교수팀이 사람들의 근심 걱정에 대해 연구했는데, 그 연구 결과에 의하면 사람들의 근심 걱정의 96%는 쓸데없고 지나친 것이라고 합니다. 걱정하는 것의 40%가 실제로 일어나지도 않은 일이고, 30%는 이미 지나가 버려 손을 쓸 수 없는 과거의 일이며, 12%는 남에 대한 걱정으로 자기와는 관계없는 일이고, 10%는 상상으로 그려 본 질병에 대한 염려고, 나머지 8%만이 염려할 문제라고 합니다. 그런데 이 8% 중에서도 그 절반인 4%는 자신이 어찌할 수 없는 일이므로 4%만이 그나마 그럴듯한 걱정이고 나머지 96%는 안 해도 될 염려로, 걱정해 봐야 아무 소용이 없는 것들이라는 결론을 내렸답니다.

개에게는 위궤양이 없고, 걸리기도 어렵다고 합니다. 미국 시카고의 한 의사가 개에게 걱정이나 염려, 괴로움이 될 만한 일을 인위적으로 가해 보아도 위액이 과다하게 분비되거나 소화 기능이 저하되지 않았음을 발견했답니다. 그래서 개는 노후 걱정을 하지 않고 살아가고 있답니다.

하늘을 나는 새는 이웃의 다른 새보다 더 많은 둥지나 아름답고 큰 둥지를 갖으려고 염려하지 않습니다. 산 속의 여우는 굴 속에 살지만 자기의 굴이 안전하지 못하다고 생각하여 비상시를 대비한 굴을 하나 더 파지도 않습니다. 다람쥐도 겨울을 나기 위해 도토리를 준비하지만 2년 동안 먹을 것을 미리 준비해 놓지 않았다고 해서 염려하지 않는답니다.

오직 사람만이 근심 걱정을 합니다. 근심 걱정을 할 필요가 없는 것들을 놓고 매일매일 걱정하며 살아갑니다. 그래서 예수님은 말씀하십니다. "무엇을 먹을까, 무엇을 마실까, 무엇을 입을까 하며 걱정하지 마라."(마태 6,31 참조)

어떤 사람이 한 성자에게 "당신은 가진 것이라고는 없는데 근심 걱정도 없이 어떻게 그렇게도 밝게 살 수 있습니까?" 하고 묻자 성자는 대답했습니다. "저는 지나간 일에 슬퍼하지 않고, 아직 오지 않은 일에 근심하지 않습니다. 오직 지금 당장의 일에만 전념하지요. 어리석은 사람은 아직 오지 않은 미래를 가지고 근심 걱정하고, 이미 지나간 일에 매달려 슬퍼합니다."

사실 사람들은 너무나 많은 근심 걱정과 염려 속에 살지만 그때마다 실패하고 후회합니다. 사제인 저도 쓸데없는 염려와 걱정으로 건강까지 해쳤음을 자인합니다. 근심은 근심만 쌓이게 해 영육간의 건강을 해칠 뿐입니다. 그리고 급기야는 하느님과도 멀어지게 할 뿐 아무런 소용이 없습니다.

그래서 예수님은 "걱정하지 마라."라는 말씀을 여러 번 반복하셨고 성경 전체에는 "걱정하지 마라."라는 말씀이 자그마치 365번이나 기록되어 있답니다. 1년 365일 매일 한 번씩에 해당되는 숫자입니다. 근심 걱정하지 마세요. 아무런 소용이 없습니다. 근심 걱정하지 마세요. 백해무익합니다.

앵무새 신앙

몸으로 실행하지 않으면서 입으로만 외치는 사람을 앵무새에 비유합니다. 예수님은 "'주님, 주님!' 한다고 모두 하늘 나라에 들어가는 것이 아니다. 하늘에 계신 내 아버지의 뜻을 실행하는 이라야 들어간다."(마태 7,21)라고 말씀하심으로써 앵무새처럼 말로만 신앙생활을 해서는 안 되고 행동으로 해야 한다고 가르치십니다.

아주 못생긴 아가씨가 길을 걷고 있는데 한 가게에서 앵무새가 아가씨를 불렀습니다. "이봐, 아가씨! 진짜 못생겼다." 아가씨는 화가 났지만 참고 지나쳤습니다. 다음 날 다시 그

가게를 지나가는데 앵무새가 또 소리쳤습니다. "이봐, 아가씨! 진짜 못생겼다." 아가씨는 화가 머리끝까지 나서 가게에 들어가 주인에게 항의했습니다. 가게 주인은 사과를 하며 다시는 그렇게 하지 않도록 조치하겠다고 약속했습니다. 그런데 다음 날 그 아가씨를 본 앵무새가 웃으며 말했습니다. "말 안 해도 알지?"

사실 앵무새는 말을 실천하지 않을 뿐 아니라 말의 뜻조차 모릅니다. 앵무새처럼 뜻도 모르면서, 또는 뜻은 알지만 실천하지 않는 신자들이 바로 '주님, 주님' 외치면서도 하느님 나라에 들어가지 못하는 불쌍한 앵무새 신자들입니다.

스테파노 씨는 성당에서 모범 신자로 인정받아 각종 봉사직을 두루 거쳐 지금은 연령회장직을 맡고 있습니다. 그런데 그의 아내 수산나와 자녀들은 오래전부터 냉담하여 성당에 나오지 않습니다. 남편이 성당이나 동네에서는 훌륭한 사람일지 몰라도 가정에서는 낙제 점수, 아니 빵점인 것입니다. 그는 아내에게는 성깔 부리고 부모에게는 불효하며 자식들하고도 원수처럼 지냈습니다. 그래서 가족들은 "그렇게 신앙생활을 하느니 차라리 안 하는 게 낫다."라며 신앙을 버린 것입니다. 이는 '주님, 주님' 외치기만 했지 가정에서 하느님의 사랑을 실천하지 못한 잘못된 신앙생활 때문입니다. 스테파노 씨야말로 앵무새 신앙인으로 무늬만 신자일 뿐 진짜 신자가 아닙니다.

이 세상에는 세 부류의 사람들이 있습니다. 자신의 이익을 위해 남을 해치는 나쁜 사람, 자신의 이익을 도모하기는 하지만 남을 해치지는 않는 보통 사람, 그리고 자신의 이익과는 상관없이 이웃에게 도움을 주는 훌륭한 사람입니다. 그런데 남에게 해만 끼치지 않을 뿐인 보통 사람을 하느님의 뜻을 실천하는 훌륭한 사람으로 착각하는 사람들이 있습니다. 그러나 남을 해치지 않는 사람은 훌륭한 사람이 아니라 아직은 보통 사람에 지나지 않습니다. 남에게 해를 끼치지 않는 걸 보면 나쁜 사람은 아니지만 아직은 하느님의 뜻을 실행하는 참된 신앙인은 못 됩니다.

예수님은 세상의 이런 기준보다 더 높은 수준을 요구하십니다. '주님'을 부르면서 이웃에게 해를 끼쳐서는 안 됩니다. 더 나아가서 단순히 남에게 해를 끼치지 않는 것만으로는 부족하고 적극적으로 이웃에게 사랑을 실천하라고 가르치십니다.

따라서 우리는 법을 잘 지키고, 남에게 해를 끼치지 않고, 기도도 잘하고, 봉사도 잘하고, 주일에 성당에 잘 나오는 것만으로 만족해서는 안 됩니다. 그런 것들은 기본이고 한 걸음 더 나아가서 이웃을 돕는 사랑의 삶을 살아야 합니다. 그 방법의 하나로, 자신의 몸과 시간과 재물 등 자신이 가진 모든 것을 이웃과 하느님을 사랑하기 위해 사용할 때 비로소 하느님의 뜻을 실행하는 것이겠지요.

포장도 깔리지 않은 시골길에서 승객을 태우고 가던 버스가 고장이 나서 멈추었는데 시동이 걸리지 않았습니다. 삼십여 명의 승객들이 내려서 버스를 밀지만 열 명만 힘껏 밀고 열 명은 미는 척 손만 갖다 대고 나머지 열 명은 뒷짐을 지고 뒤에 서서 "영차, 영차" 하고 입으로 소리만 질렀습니다. 버스는 다시 시동이 걸렸는데 버스가 시동이 걸리도록 행동으로 실천한 사람은 단 열 명뿐이었습니다. 나머지 스무 명은 말로만 또는 미는 시늉만 냈던 것입니다. 우리는 지금 본당이나 사회에서 행동으로 실천하는 즉, 힘껏 밀어 시동이 걸리게 한 열 명에 속합니까? 아니면 뒤에 서서 입으로만 "영차, 영차" 하고 외치는 사람에 속합니까? 말로만, 입으로만 "주님,

주님" 하는 앵무새 신자가 되지 맙시다.

"'주님, 주님!' 한다고 모두 하늘나라에 들어가는 것이 아니다. 하늘에 계신 내 아버지의 뜻을 실행하는 이라야 들어간다."(마태 7,21)

제2장

그렇게 좋은 줄 알았더라면

떡 하나 주면 안 잡아먹지

 옛날에 시골의 한 아낙이 장날 시장에 가서 자식들이 좋아하는 떡과 여러 가지 물건들을 사들고 집으로 돌아오다가 길목에서 기다리던 호랑이 한 마리와 딱 마주쳤습니다. 호랑이는 늙은 데다가 며칠 동안 아무것도 먹지 못해 힘이 없었습니다. 그래서 그냥 잡아먹자고 덤볐다가는 실패할 것이라 여겨 그 아낙네 앞으로 나가 "어흥." 하고 으름장을 놓으면서 "떡 하나 주면 안 잡아먹지." 하였습니다. 아낙은 호랑이에게 잡아먹히는 것보다는 떡을 포기하는 것이 낫다고 생각하여 귀한 떡을 호랑이에게 주었습니다.

한참 후 그 아낙이 개울을 건너려고 하는데 그 호랑이가 또 나타나서 "팔 하나만 떼어 주면 안 잡아먹지." 하였습니다. 그 아낙은 호랑이에게 잡아먹히는 것보다는 팔 하나를 잃는 것이 낫다고 생각하여 팔을 하나 떼어 호랑이에게 주었습니다. 그런데 언덕을 넘어가는 중에 호랑이가 또 나타나서 나머지 팔 하나를 요구하자 아낙은 나머지 팔 하나도 잘라 주었습니다. 이어서 그 호랑이가 다음 언덕에서 다리를 달라고 하자 아낙은 다리를 하나 주었습니다. 외발로 간신히 그다음 언덕에 도착했을 때 호랑이는 남은 다리 하나마저 내놓으라고 하였습니다. 아낙은 그래도 죽는 것보다는 낫다고 생각하여 나머지 다리까지 떼어 주었습니다.

이제 팔과 다리를 다 잃은 아낙이 데굴데굴 굴러 언덕을 내려오는데 밑에서 기다리던 호랑이가 "네가 처음에 떡을 안 주고 팔 하나도 안 주고 나에게 대들었으면 힘이 없던 나는 도망갔을 것이다. 그러나 너는 이제 팔도 다리도 없으니 아무런 힘도 쓸 수가 없다. 이제 너를 통째로 다 먹어 버리겠다."라고 말하고 그 아낙을 통째로 삼켜 버렸답니다. 그 아낙은 하나하나 조금씩 양보하다가 끝내는 몸 전체를 양보하여 목숨까지 잃은 것입니다.

   매년 사순 시기 첫 주일에 교회는 예수님이 악마에게 유혹을 받으신 내용을 복음 말씀으로 들려줍니다. 예수님은 40일이나 굶어 배고파 죽을 지경에 이르렀어도 빵의 유혹에 넘어가지 않았고 온 세상의 부귀와 권세를 다 줄 테니 불의에 타협하라는 유혹에도 넘어가지 않으셨습니다. 우리도 예수님처럼 유혹에 넘어가지 않는다면 그리고 죄로 유인하는 유혹을 물리친다면 죄를 원천적으로 차단해서 더 이상 죄를 짓지 않을 수 있습니다.

   우리는 일상생활에서 끊임없이 유혹을 받습니다. '이번 한 번 뿐이야.', '이번이 마지막이야.', '앞으로 다시는 이러지 않겠어.', '남들도 다 하는데 뭘.', '주일 미사에 한 번만 빠지자.', '다음부터는 아니야.'라며 옳지 않은 행동을 합니다. 하느님을 멀리하는 냉담 교우들이 처음부터 냉담할 생각으로 주일 미사에 빠지는 것은 아닙니다. 어쩌다 주일 미사를 한 번 빠지고 두 번 빠지다 보니 이제는 아예 주일 미사에 참석하지 않는 냉담 교우가 된 것입니다. "이번 주일만 빠지는 건데 뭘." 하며 빠지다가 냉담 교우가 될 줄이야.

바늘 도둑이 소도둑 된다고 했던가요? 처음에는 장차 소까지 훔치게 될 줄은 도둑 자신도 몰랐습니다. '바늘 하나쯤이야.' 하면서 하나하나 양보하다가 마침내 소까지 훔치게 된 것입니다. 흉악한 범인이 처음부터 흉악범이 되려고 했던 것은 아닙니다. 극악무도한 살인강도가 처음부터 살인강도가 되려고 마음먹었던 것도 아닙니다. 양심에 꺼리는 것을 하나하나 양보하다가 마침내 양심 전체를 팽개치는 중죄인이 된 것입니다.

우리는 아직은 흉악한 범죄자도 살인강도도 소도둑도 그리고 냉담 교우도 되지 않았습니다. 아직은 의인이고 선인에 속합니다. 그러나 양심을 하나하나 양보하고, 하느님의 가르침을 조금씩 양보하다 보면 자신도 모르는 사이에 비양심적인 사람으로, 냉담 교우로, 하느님과 멀어진 사람으로, 그리고 자신도 모르는 사이에 악마의 유혹에 빠져 돌이킬 수 없는 죄인으로 타락할 수도 있음을 경계해야 합니다.

악마는 처음부터 큰 것을 유혹하지 않습니다. 큰 죄를 지으라고 유혹하면 우리가 그 유혹에 넘어가지 않을 것을 잘 알기 때문에 간교한 악마는 작은 것부터 유혹한답니다. 처음에는 아주 작은 것부터 유혹해서 하나하나 야금야금 조금씩 아주 조금씩 양심을 갉아먹고 나중에는 정의를 양보하라고 유혹할 것입니다. 그러나 절대로 악에게 양보해서는 안 됩니다. 아주 작은 것이라도 양보하는 것이 바로 유혹을 당하여 죄를 짓는 첫걸음일 것입니다. 이럴 때 우리는 유혹을 이기신 예수님처럼 단호하게 물리쳐야 합니다. "사탄아, 물러가라."(마태 4,10)

영웅 체험

　자신이 불행하다고 생각하는 사람들은 좋은 경험보다 나쁜 경험을 더 많이 기억한다고 합니다. 그래서 자신을 불행하다고 비관하는 사람들을 치료하는 방법 중에 '이야기 치료'라는 심리 치료가 있습니다. 그것은 자신이 느낀 부정적이고 불행한 체험들을 접어 두고 즐겁고 행복했던 일들, 승리하고 성공했던 일들을 회상하여 이야기로 만들게 함으로써 자신감을 갖도록 해 주는 치료법입니다. 과거의 영웅적 행동이 현재의 역경을 이겨 내는 힘으로 작용한다는 것입니다.
　저의 영웅적 체험을 소개합니다. 저는 학교 공부를 아주 잘했습니다. 중학생 때는 혼자서 고등학교 수학을 공부할 정도였으니까요. 그러나 운동 신경이 무디어 운동은 잘 못했습니다. 그런데 운동을 잘 못하는 제가 서울 가톨릭대학교 1학년 때는 장거리 달리기에서 1등을 한 적이 있습니다. 어렸을 때부터 싸움도 잘 못하고 운동도 잘 못하던 저에게 자신감을 갖게 해 준 큰 체험입니다. 공부와 운동을 잘할 수 있었던 것은 저를 훌륭한 사제로 키우기 위한 하느님의 특별한 배려요 은총 덕분이라고 저는 믿습니다.

또한 지난 2004년 가을에 시작한 1년간의 안식년 동안에 대단한 일을 했습니다. 아마도 저와 같은 나이의 우리나라 사람 천 명 중에 한 명도 하지 못했을 것 같은 영웅 체험입니다. 굶주림과 폭력이 난무하고 말라리아에 걸리기 쉬운 아프리카에서 8개월을 지냈고, 3개월 동안 배낭 하나 메고 혼자서 유럽의 여러 나라를 여행했습니다. 외로움과 불안, 신변의 위협과 질병의 염려 속에서도 작은 사고 한 번 없었고 감기 한 번 안 걸렸습니다. 이 모든 것이 저를 보호하시는 하느님의 은총 덕분입니다. 1년을 그렇게 살고 난 후에는 어떤 낯선 곳에서 어떤 상황을 만나더라도 헤쳐 나갈 수 있다는 자신감이 생겼습니다. 하느님은 저를 끔찍이 사랑하시어 이렇게까지 지켜 주셨음을 다시 한 번 확인했습니다. 저의 이런 체험들은 지금까지도 제가 사제 생활에서 오는 어려움을 이겨 내는 원동력이 되고 있습니다.

이런 영웅적 체험은 누구에게나 있습니다. 나름대로의 영웅적 체험을 갖고 있는 사람들은 힘들고 어려운 일이 닥쳐와도 그보다 더한 어려운 일도 해냈던 과거를 기억하면서 지금 닥친 일을 무난히 해낼 수 있는 힘을 얻게 됩니다.

마태오 복음 17장 1-9절의 '예수님의 영광스러운 변모'에서 예수님은 앞으로 닥쳐올 시련을 대비하여 제자들에게 좋은 체험을 만들어 주십니다. 예수님은 세 명의 제자들 앞에서 찬란한 하느님의 모습으로 변모하시어 모세와 엘리야를 대동하고 하늘나라에서 영광을 받는 모습을 보여 주십니다. 제자들은 비록 짧은 순간이었지만 주님과 함께 천국에서 누릴 기쁨을 미리 맛보았습니다. 이런 영웅적인 체험을 한 제자들은 예수님이 떠나가신 후에도 그 체험을 바탕으로 어떠한 어려움도 이겨 낼 수 있었습니다.

이스라엘 백성들이 극심한 고통 중에도 절망하지 않고 이겨 낼 수 있었던 것도 이집트에서 탈출할 때의 그 위대한 체험을 기억했기 때문이었습니다. 이집트 탈출 체험은 이스라엘 백성들이 대대손손 기억할 영웅 체험으로써 3천 년이 지난 지금까지도 고된 삶에 용기와 힘과 희망을 준다고 합니다.

우리에게도 그런 영웅 체험이 있어야 합니다. 그런 체험이 없어서 흔들리는 사람들에게 이탈리아의 마르티니 추기경님은 사냥개의 비유로 깨우쳐 주십니다. 사냥개들이 사냥을 할 때 한 마리의 개가 사냥감을 발견하면 동료 개들에게 알려 주어 모든 개들이 일제히 사냥감을 향해 달려갑니다. 그러나 시간이 지남에 따라 지친 사냥개들은 낙오하기 시작합니다. 그런데 특이한 것은 다른 개들의 소리만 듣고 쫓아가던 개들은 중도에 포기하지만, 자신의 눈으로 직접 사냥감을 본 개들은 끝까지 사냥감을 쫓아가서 잡아 온답니다.

추기경님은 신앙생활도 마찬가지라고 하십니다. 처음 성당에 발을 들여놓을 때는 자신을 인도한 신자의 체험을 단순히 귀로 듣고 그들처럼 살기 위해 세례를 받습니다. 그러나 자신이 직접 하느님을 체험하지는 못한 상태에서 시련이 오면 무너지고 쓰러져 냉담을 한답니다. 마치 사냥감을 직접 눈으로 보지 못한 사냥개가 힘들게 되자 포기하고 마는 것처럼 하느님에 대한 체험을 하지 못한 사람은 어려움을 당하면 즉시 주저앉게 된다는 것입니다.

    그러므로 우리는 진한 체험, 특히 하느님과의 사랑과 보호를 느끼는 체험을 만들고 찾아내야 합니다. 그런 영웅적 체험들은 우리에게 온갖 어려움을 이겨 내는 힘을 줄 것이고 마침내 끝까지 하느님의 은총 속에 머물도록 우리를 인도할 것입니다.

그렇게 좋은 줄 알았더라면

담배가 그렇게 나쁜지 몰랐습니다. 한 번 피운 담배를 끊기가 그토록 힘든 줄 몰랐습니다. 담배의 중독성이 이토록 큰 줄도 몰랐습니다. 알려 주는 사람이 아무도 없었기 때문입니다. 제가 어렸을 때 시골에 TV는 없었지만 라디오는 있었는데 담배가 나쁘다는 말을 라디오에서 들어 본 적이 한 번도 없었습니다. 또한 어른들도 선배들도 선생님도 그 어느 누구도 담배가 나쁘다고 말해 준 사람이 없었습니다. 그래서 저는 담배가 나쁜 줄 몰랐습니다.

그 후 언제부터인가 담배가 몸에 나쁜 걸 알고 끊으려고 여러 번 시도했지만 번번이 실패하다가 4년 전부터 드디어 끊었습니다. 담배의 피해에서 벗어났습니다. 담배가 그렇게 나쁜 것임을 진작 알았더라면 40여 년간의 긴 피해를 막을 수 있었을 것입니다. 사실 담배가 중독성으로 인해 그렇게 끊기가 어렵다는 것을 미리 알았다면 담배를 시작하지도 않았을 것입니다. 담배뿐만 아니라 나쁜 것인 줄 모르고 한 것들이 한두 가지가 아닙니다.

마찬가지로 좋은 줄 모르고 있다가 좋다는 것을 뒤늦게 깨달아 덩실덩실 춤을 추는 사람들도 있습니다. 마흔 살이 다 되어 가는 노처녀 루치아가 시집을 가더니 깨가 쏟아지는 사랑에 취해 이렇게 말합니다. "사랑이 이렇게 좋은 줄 알았더라면, 부부생활이 이렇게 행복한 줄 더 일찍 알았더라면 진작 결혼할 걸." 방탕한 생활을 하던 냉담 교우 마태오는 20년 만에 고해성사를 본 후 감개무량해서 눈물 섞인 목소리로 "하느님의 은총이 이렇게 큰 줄 진작 알았더라면 그렇게까지 방황하지는 않았을 텐데."라고 고백합니다.

1년 전에 세례성사를 받고 예수님 사랑에 푹 빠진 마리아가 시집간 지 오래된 딸에게 말했습니다. "딸아, 네가 시집갈 때까지 거의 모든 걸 다 해 주었다. 어린 시절 온갖 좋은 것들을 많이 사 주고 좋은 대학에 보내 주고 시집갈 때 혼숫감도 남부럽지 않게 다 해 주었는데 딱 한 가지 못 준 것이 있어서 미안하구나." 딸이 "엄마 뭔가 숨겨 두고 나한테 주지 않은 게 있지?"라고 다그치자 친정어머니가 대답했습니다. "하느님을 믿는 신앙이 이렇게 좋은 줄 진작 알았더라면 너에게 주었을 텐데 너를 키울 때는 신앙이 무엇인지 몰라서 그 좋은 신앙심을 주지 못했단다." 그 말을 들은 딸이 자신의 아들딸들에게 똑같은 미안함을 물려주지 않기 위해 당장 예비 신자 교리반에 들어가더니 열심히 배워 훌륭한 신자가 되었습니다.

흥청망청하며 방탕한 삶을 살던 60대 남자가 요셉이라는 세례명으로 세례를 받더니 사람이 완전히 달라졌습니다. "믿음의 생활이 이렇게 좋은 줄 진작 알았더라면, 하느님의 은총과 생명이 이렇게 위대한 줄 더 일찍 알았더라면 그동안 인생을 낭비하지 않았을 텐데." 하며 만나는 사람마다 붙잡고 신앙을 자랑하고 다닙니다. 바오로 사도는 예수님을 알기 전에는 예수님을 박해하고 예수님을 믿는 사람들을 죽이려 했지만, 예수님을 알고부터는 자신이 예수님을 위해 죽으려 했습니다. 주님이 누구신지, 어떤 분이신지 알게 된 사람들은 하나같이 이렇게 변화되었습니다.

요한 복음 4장에서 예수님은 사마리아 여인에게 물을 달라고 하시며 말씀하십니다. "하느님께서 주시는 선물이 무엇인지, 너에게 물을 청하는 내가 누구인지 알았더라면 오히려 네가 나에게 물을 청했을 것이다. 그러면 내가 너에게 샘솟는 물을 주었을 것이다."(요한 4,10 참조) "이 우물물을 마시는 사람은 다시 목마르겠지만 내가 주는 물을 마시는 사람은 영원히 목마르지 않을 것이다. 내가 주는 물은 그 사람 안에서 샘물처럼 솟아올라 영원히 살게 할 것이다."(요한 4,13-14 참조)라고 하셨습니다. 예수님은 당신이 주시는 것이 얼마나 좋은 것인지, 당신한테서 받을 은총이 얼마나 큰 것인지 사마리아 여인을 통해 우리에게 알려 주십니다.

예수님의 이 말씀은 이 세상에서 갈증을 느끼는 우리에게 갈증을 해소시켜 주는 물과 같습니다. 물질이나 쾌락이나 지식으로도 채울 수 없는, 가족이나 친구나 이 세상 그 어떤 것으로도 해결할 수 없는 인생의 목마름과 무상함을 채워 줄 물을 주신다니 정말로 큰 위로와 힘이 되고 희망이 생깁니다.

주님이 주시는 물이 어떤 것인지 진작 알았더라면, 신앙의 힘이 그토록 크다는 것을 더 일찍 깨달았더라면 우리의 신앙 상태는 지금보다 훨씬 더 풍요로워졌을 것입니다.

담배가 나쁜 줄 모르고 담배를 피우기 시작한 사람들이 "담배가 이토록 해로운 줄 알았더라면 처음부터 배우지 않았을 텐데."라고 전에 몰랐던 것을 아쉬워하는 것처럼, 주님이 주시는 선물이 얼마나 큰지 아직도 모르는 사람들은 "하느님께서 주시는 선물이 무엇인지, 주님이 누구신지 진작 알았더라면."이라는 오늘의 말씀을 마음속 깊이 심장으로 들어야겠습니다.

영적 소경

예수님이 앞을 못 보는 한 소경의 눈을 뜨게 해 주셨습니다. 멀쩡한 사람들도 예수님을 알아보지 못했지만 예수님이 눈을 뜨게 해 준 그 사람은 예수님이 하느님의 아드님이심을 알아보고 그분을 믿었습니다. 그 소경은 육체의 눈이 치유되었을 뿐만 아니라 영적인 눈까지 뜨게 되었습니다.

눈먼 사람을 고쳐 주시는 성경 말씀은 우리에게 영적인 눈을 뜨라고 촉구합니다. 우리는 육체적으로는 멀쩡하지만 영적으로는 눈먼 소경일 수 있습니다. 두 눈을 멀쩡히 뜨고도 보지 못하는《심청전》의 심봉사 같은 소경들이 있습니다. 사물이 눈에 보인다고 해서 영적인 것까지 보이는 것은 아닙니다. 눈을 뜨고 사물을 보면서도 뜻을 모르는 사람을 우리는 맹瞎이라는 글자를 붙여 부르죠. 글을 모르는 사람을 문맹, 컴퓨터를 모르는 사람을 컴맹이라고 합니다. 또한 그림에 대한 안목이 없는 사람을 가리켜 그림을 보는 눈이 없다고 하고, 사업을 잘 모르는 사람을 가리켜 사업에 대한 눈이 없다고 하며, 사람을 볼 줄 모르는 사람을 가리켜 사람을 보는 눈이 없다고 합니다. 눈은 뜨고 있지만 진짜로 봐야 할 것들을 보지 못하는 사람들을 두고 하는 말입니다.

영적인 것을 보지 못하는 사람은 영적으로 눈이 먼 사람입니다. 하느님을 모르는 사람은 하느님을 보는 눈이 없는 사람이고, 신앙의 가치를 모르는 사람은 신앙의 눈이 먼 사람입니다. 필립보 씨는 사순 시기를 맞이하여 자신을 반성하다가 자신의 영적인 눈과 신앙의 눈이 전보다 나빠지고 약해져 있음을 발견하고는 서글퍼졌답니다. 세상에서 보고 듣는 모든 것들이 하나같이 육체적인 것, 물질적인 것뿐이라서 자신도 모르는 사이에 영적인 눈이 흐려지는 현실을 안타까워합니다.

작고하신 구상(요한) 시인은 노년에 참된 신앙의 깊이를 깨닫고 〈은총에 눈을 뜨니〉라는 시를 썼습니다. "이제사 비로소 두 이레 강아지만큼 은총에 눈이 뜬다. 이제까지 시들하던 만물 만상이 저마다 신령한 빛을 뿜고 …… 이제야 하늘이 새와 꽃만을 먹이고 입히시는 것이 아니라 나를 공으로 기르고 살리심을 눈물로써 감사하노라." 이처럼 시를 통해 영적인 눈이 뜨였음을 감사했습니다.

아시시의 프란치스코 성인도 젊은 시절의 방탕함을 회개하여 하느님의 은총에 눈을 뜬 후 전에 보지 못하던 것을 보게 됩니다. 이제껏 보아 온 나비와 꽃, 공중을 나는 새들, 태양과 시냇물 모두가 저마다 달리 보이고 나환자의 모습에서조차 신령한 하느님의 빛과 생명을 느끼게 됩니다.

가치 있는 삶을 살지 못하는 현대인들은 소경이나 다를 바 없습니다. 어느 거지가 죽었는데 거지가 밥통으로 사용하던 깡통이 너무 묵직하여 사람들이 자세히 살펴보니 황금 그릇이었습니다. 그 거지가 불탄 집에 갔다가 우연히 단단한 그릇을 발견하고는 그것이 황금인 줄도 모르고 거지 밥통으로 사용했던 것입니다. 황금을 보는 눈이 없었던 것이죠. 귀한 것을 보아도 그 가치를 알지 못하니 거지로 사는 수밖에 없었습니다. 신앙도 이와 같아서 신앙의 소중함을 깨닫지 못하면 그게 바로 거지 신앙, 소경 신앙이 되는 것입니다.

추운 날씨에는 히터로 인해 자동차 유리창에 성에가 끼여 창밖을 볼 수 없습니다. 소경은 아닌데, 눈을 떴는데도 성에 때문에 밖의 사물을 보지 못하는 것입니다. 이와 마찬가지로 돈 때문에, 욕심 때문에, 세상의 즐거움 때문에 마음에 성에가 끼면 창밖에 계신 하느님이 보이지 않고 진리와 사랑과 구원이 보이지 않습니다. 영적인 소경, 정신적인 소경이 되는 것이지요.

멀쩡히 뜬 두 눈이 있어 세상 사물은 잘 보는데 영적인 것을 보지 못한다면, 신앙의 소중함을 알아보는 눈이 없다면, 그런 사람은 분명히 영적 소경입니다. 지금 나에게 사업을 보는 눈은 있는데 가치 있는 것을 알아보는 눈이 없다면, 사람을 보는 눈은 있는데 하느님의 뜻을 알아보는 눈이 없다면 성경에 나오는 소경처럼 예수님에게 치유를 받으러 가야 할 것입니다.

주님이 계셨더라면

　성당에서 열심히 활동하던 스테파노와 마리아가 결혼을 했습니다. 결혼 초기에는 열심히 신앙생활을 했으나 아들이 하나 생긴 이후부터 신앙심이 차츰 약해지더니 급기야는 냉담을 하고 말았습니다. 아들의 장래를 위해 더 많은 돈을 벌려고 맞벌이에 나섰고, 아들에게 온갖 정성을 쏟으며 아이가 원하는 것이면 무엇이든지 다 해 주었습니다.
　아들이 너무 사랑스러우니까 잘못하는 것조차도 예뻐 보여 잘못을 고쳐 주지 않았습니다. 맞벌이하느라 함께 있어 주지 못하는 미안함을 돈으로, 물질로 보상해 주느라 온갖 것을 다 사 주었습니다. 자신들이 어렸을 때 가난하게 살아 누리지 못했던 것을 자식에게는 다 해 주고 싶은 마음도 있었습니다.

평일이면 직장에 가느라, 주일이면 아들을 데리고 놀러 다니느라, 아들이 갖고 싶은 것을 사 주러 다니느라 주일 미사에 참여할 시간이 없었습니다. 어느새 신앙은 뒷전으로 밀려나 예수님을 까맣게 잊어버리고 살았습니다. 그러나 아들이 무럭무럭 자라는 모습을 보면서 돈도 꽤 모아 가며 행복한 나날을 보냈습니다. 그러던 어느 날 아들이 학교에서 돌아오다가 교통사고로 죽고 말았습니다. 하늘이 무너지고 땅이 꺼지는 것 같았습니다. 이제 더 이상 인생을 살아갈 의미도 일을 할 이유도 없어졌습니다.

부부는 삶을 포기하기로 마음먹고 동반 자살을 하기로 했습니다. 그러던 중 우연히 장애아들이 모여 있는 시설에 갈 기회가 생겼습니다. 시설에서 장애를 가진 아이들과 함께 몇 시간을 보내면서 생애 처음으로 엄청난 것을 깨닫고 느꼈습니다. 중증 장애아들은 말도 못하고 팔다리도 제대로 못 움직이면서도 표정은 한없이 밝았고 얼굴에는 천사 같은 미소가 떠나지 않았습니다. 죽은 자기 아들은 왕자 같은 대접을 받으면서도 밝은 표정보다는 늘 불만스런 표정으로 투정을 부렸는데, 부모도 없는 이 장애아들은 어떻게 이토록 행복해 보이는 것일까요?

'주님이 함께 계시기 때문이다. 내 아들은 주님이 누구신지도 몰랐고 우리 부부도 주님을 떠난 지 이미 오래지 않은가!' 부부는 똑같은 생각을 하고 있었습니다. 죽은 자식에게 주님의 사랑을 전혀 가르쳐 주지 않은 것이 아쉬웠고, 그동안 주님을 떠나 산 것이 한없이 후회스러웠습니다.

"주님과 함께하는 삶을 살았더라면 돈 때문에 맞벌이 하느라 집을 비우지 않았을 텐데. 엄마가 집에서 기다렸더라면 아이가 사고 지점에 가지 않고 학교에서 곧장 집으로 돌아왔을 텐데. 주님을 그렇게 외면하지 않았더라면 혹시 주님이 사고를 막아 주셨을 수도 있었을 텐데. 사고를 당했어도 주님께 살려 달라고 애원할 수 있었을 텐데……."라며 통한의 눈물을 흘렸습니다.

부부는 갖은 후회 속에 빠져 있다가 정신을 차리고 새로운 삶을 살기로 결심했습니다. 그래서 그 시설에 있던 한 장애아를 데려와 양자로 삼고 세 식구가 온 정성을 다해 주님을 섬기며 주님과 함께 행복하게 살고 있습니다.

"주님께서 여기에 계셨더라면 제 오빠가 죽지 않았을 것입니다."(요한 11,21) 오빠의 죽음 앞에서 마르타가 한 절규입니다. 예수님이 평소에 사랑하시던 라자로가 위독하다는 소식을 듣고 가 보니 이미 장사를 지낸 뒤였습니다. "주님께서 여기에 계셨더라면 제 오빠가 죽지 않았을 것"이라고 원망하는 마르타에게 예수님은 "네 오빠는 다시 살아날 것이다."(요한 11,23)라고 말씀하시고 죽은 라자로를 살려 주셨습니다. "나를 믿는 사람은 죽더라도 살 것이다."(요한 11,25 참조)라는 말씀을 바로 그 자리에서 증명해 보이신 것입니다.

주님이 함께 계셨더라면 라자로는 죽지 않았을 것입니다. 그것은 사실입니다. 라자로가 병을 앓고 있다는 소식을 듣고 주님이 즉시 달려가셨더라면 라자로는 죽지 않았을 것입니다. 그러나 주님이 안 계셨기 때문에 라자로가 죽었지만, 죽은 후에라도 주님이 오셨기 때문에 라자로는 다시 살아날 수 있었습니다.

이처럼 우리의 삶에 주님이 계셨더라면 우리가 그동안 겪은 불행들은 당하지 않았을 수도 있고, 이미 불행을 당한 이

후에라도 주님이 함께 계셨더라면 그 불행을 이기고 불행에서 벗어나 오히려 행복해질 수도 있었습니다.

"주님이 계셨더라면, 주님이 계셨더라면." 이 말을 열 번쯤 중얼거려 봅시다. 내 삶에 주님이 계셨더라면, 내가 주님의 뜻대로 행동했더라면 현재의 상태와 달라졌을 것이 너무나 많습니다. "주님이 계셨더라면, 주님이 계셨더라면……."

제가 주님을 배반했습니다

주님 수난 성지 주일 전례는 전혀 다른 두 가지 사건을 재현합니다. 성당 입구나 밖에서는 예수님이 열렬히 환영받는 장면을 묵상하고 성당 안에 들어와서는 예수님이 철저히 고난을 받으시는 내용을 묵상합니다.

예수님이 지방에서 수도 예루살렘으로 들어오실 때 백성들이 열렬히 환영합니다. 겉옷을 벗어 예수님이 오시는 길에 깔고 나뭇가지를 흔들며 예수님 만세를 외칩니다. 유명 연예인이나 올림픽에서 금메달을 딴 선수보다 더 큰 환영을 받고, 나라를 해방시킨 위대한 정치가보다 더 큰 지지를 받습니다.

사실 예수님은 그런 환영을 받을 만합니다. 태생 소경의 눈을 고쳐 주시는 등 불치의 병자들을 고쳐 주셨고, 빵 다섯 개와 물고기 두 마리로 오천 명이 넘는 군중을 배불리 먹이는 기적을 행하셨습니다. 또한 이스라엘 백성들을 괴롭히던 사람들에게 바른 소리를 함으로써 백성들의 속을 시원하게 해주셨고, 병들고 가난하고 못 배워서 사람대접도 못 받던 약자들을 사랑하고 존중함으로써 희망과 용기를 주셨습니다. 그리고 마침내 죽은 자를 살리기까지 하셨습니다.

그런데 그토록 대단했던 예수님이 이제는 형편없어 보입니다. 전에는 분명히 대단한 능력을 발휘하셨는데 지금은 무기력하고 무능하기 짝이 없습니다. 그분이 임금이 된 후 오른쪽 왼쪽, 즉 우의정 좌의정 같은 큰 벼슬을 할 수 있을 줄 알고 따라다녔는데 우의정 좌의정은 고사하고, 국회의원이나 장관은커녕 면장이나 동리, 이장도 못 할 것 같습니다.

그래서 그들은 '내가 왜 이런 무능한 사람을 따랐던가? 계속해서 이분을 따르다가는 망할 게 틀림없어. 더 이상 손해를 보기 전에 이제라도 이 사람한테 걸었던 기대와 미련을 버리고 떠나자. 이참에 아예 죽여 버리자.'라고 생각했는지 예수님에게서 등을 돌리고 안면을 싹 바꿉니다. 세상에 이런 변절과 배신이 또 있습니까? 바로 조금 전까지 예수님을 임금으로 추대하고 따르던 이들이 이렇게 하루아침에 안면을 싹 바꾸고 변절해도 되는 것입니까? 마침내 그들은 예수님을 "십자가에 못 박아 죽여 버려라." 하고 입에 게거품을 물고 고래고래 소리를 지릅니다.

그들은 예수님이 자신들에게 도움이 될 거라고 생각했을 때는 예수님을 환영하고 따랐지만 예수님이 힘없이 체포되는 걸 보고는 그분을 떠납니다. 예수님이 자신들에게 아무런 도움도 주지 못할 거라고 판단했는지 일말의 망설임이나 고민도 없이 눈 깜짝할 사이에 마음을 바꿉니다. 그토록 열렬히 환영하던 사람들이 배신자로 돌변하여 예수님을 십자가에 못 박아 죽여 버립니다.

생살을 대못으로 뚫고 십자가 위에 매달아 놓았으니 얼마나 아프셨을까요? 그런데 사실 십자가에 못 박혀 당하는 육체적 고통보다 믿었던 자들의 배신이 가져다준 정신적 고통이 더 컸을 것입니다. 처음부터 예수님을 좋아하지 않던 사람들의 배척은 참을 만했지만, 예수님을 좋아하고 따랐던 사람들이나 예수님에게 은혜를 갚겠다던 사람들의 배신은 참기 어려웠을 것입니다.

그보다도 예수님을 더더욱 아프게 했던 것은 예수님이 가장 믿고 사랑했던 사도들의 배신이었습니다. 3년간이나 밤낮 없이 동고동락하며 한솥밥을 먹던 제자 유다가 단돈 몇 푼에 스승을 팔아먹는 배신은 예수님을 처절하게 아프게 했을 것입니다. 게다가 주님이 가시는 곳이라면 지옥에라도 따라가겠다고 맹세하며 충성을 약속했던 제자 베드로가 세 번씩이나 예수님을 모른다고 딱 잡아떼며 배신했을 때 예수님의 마음은 천 갈래 만 갈래 갈라지셨을 것입니다.

예수님의 이런 정신적 고통을 사제들도 체험합니다. 비신자들이나 신앙심이 약한 무늬만 신자인 사람들이 사제를 이해하지 못하고 비난하며 방해할 때 사제들은 참을 만합니다. 그러나 각별히 신임하고 사랑한 교회의 간부들이 사제를 사랑하고 협조하기는커녕 오히려 반대하며 힘들게 할 때 예수님이 당하신 배신을 조금이나마 체험하며 이해하게 됩니다. 주님을 모르는 사람들이 그분의 뜻을 거스를 때도 주님의 마음은 아플 것입니다. 그러나 믿는 도끼에 발등을 찍힐 때 더 아프듯이 예수님이 그토록 믿고 사랑하는 우리가 그분을 배신한다면 그분의 마음은 더 크게 찢어질 것입니다.

2천 년 전에 예수님을 십자가에 못 박은 이스라엘 사람들만 배신자가 아니라 우리도 배신자입니다. 우리가 죄를 짓거나 주님의 뜻에 어긋나는 삶을 살 때 우리도 그들과 똑같은 배신자요 변절자가 된다는 사실을 알아야 합니다. 예수님을 못 박게 한 책임이 이스라엘 사람들에게만 있는 것이 아니라 바로 우리한테도 있음을, 우리의 죄 때문에 예수님이 돌아가셨음을 주님 수난 성지 주일 전례를 통해 가슴 깊이 깨달아야겠습니다.

위대한 어머니들

모든 어머니들은 다 위대합니다. 어머니의 마음은 하느님의 마음을 보여 주는 거울입니다. 어머니의 마음 말고는 이 땅에서 하느님의 마음을 마땅히 보여 줄 만한 게 없습니다. 유다인의 정신 문화의 원천 《탈무드》에는 "하느님께서는 이 세상 모든 곳에 계실 수가 없어서 어머니를 대신 보내셨다."라는 말이 있습니다.

어머니를 보면 하느님을 뵙는 것이고, 어머니의 사랑을 알면 하느님의 사랑을 알게 되고, 어머니의 인자하심을 느낄 때 하느님의 인자하심을 추측할 수 있으며, 어머니의 희생을 보면 하느님의 희생이 얼마나 큰지 알 수 있기 때문일 것입니다. 모든 어머니는 위대합니다. 사람이나 짐승이나 모든 어미는 자녀를 보호하고 종족을 번식시키기 위해서 본능적으로 위대합니다. 그러나 모든 어머니가 다 신앙적으로 위대하지는 않습니다. 여기에 교육적으로 위대한 어머니들과 신앙적으로 위대한 어머니들을 소개합니다.

위대한 어머니 중의 한 분이신 최양업 신부님의 어머니 이성례 마리아의 이야기는 눈물 없이 들을 수 없습니다. 이성례 마리아의 남편인 최경환 프란치스코 성인은 아들 최양업 토마스를 마카오의 신학교로 보내고 난 후에 그야말로 천주교 괴수가 되어 잡혀 들어가고 이어서 그분의 아내이며 최양업 신부님의 어머니인 이성례 마리아는 핏덩어리 갓난아이를 안고 감옥으로 끌려 들어갑니다.

이성례 마리아가 낮에는 하루 종일 관가에 나가 매를 맞고 밤에 감옥에 들어오면, 종일 울던 갓난아이가 젖을 물려고 해도 젖이 나오지 않습니다. 젖이 안 나와서 피로 범벅이 된 가마때기를 뜯어 씹으며 어떻게 조금이라도 젖을 내어 볼까 하고 애를 쓰지만 젖은 나오지 않습니다. 결국 최양업 신부님의 어린 동생은 감옥에서 굶어 죽습니다.

그 핏덩어리가 굶어 죽자 어머니 이성례 마리아는 눈이 뒤집어집니다. "나 하느님 안 믿소, 내 나가서 거지로 돌아다니는 나머지 새끼들이라도 살려야겠소!" 어머니는 밖으로 나가 아이들이 있는 굴속을 찾아갑니다. 그러나 최양업 신부님의 제일 큰동생이 어머니 앞을 가로막으며 말했습니다. "어머니, 어떻게 찾아오셨어요. 나중에 형님이 사제가 되어 돌아왔을 때 어머니가 하느님을 배반한 것을 알면 어떻게 어머니가 형님의 얼굴을 대하겠어요! 우리들은 걱정 말고 어머니는 돌아가세요!"

그제야 어머니는 한 대 얻어맞은 것처럼 "맞다, 우리 큰아들이 사제가 되어 돌아올 때 내가 어찌 내 아들 얼굴을 볼 수 있겠는가! 하느님을 배반하고……." 이성례 마리아는 다시 감방으로 돌아가서 "나 아까 하느님 버리겠다고 한 말 취소합니다. 나 다시 하느님 믿겠습니다!"라고 자수하여 스스로 감옥으로 들어갑니다.

그렇게 다시 감옥에 들어간 이성례 마리아에게 결국 사형 선고가 내려지고 사형 날짜가 정해졌습니다. 어머니가 참수

된다는 이야기를 전해 듣고 아이들이 장례식이며 결혼식이 있는 집을 찾아다니면서 쌀을 한 바가지씩 얻어서 쌀을 몇 말 준비합니다. 사형 전날이 되자 아이들은 그 쌀을 짊어지고 사형수를 칼로 치는 망나니의 집을 찾아갑니다.

"아저씨, 이 쌀을 받으시고 오늘 밤새 칼을 잘 갈아서 내일 우리 엄마 목이 단번에 떨어지게 해 주십시오." 옛날에 죄수의 목을 칼로 치던 망나니들은 한 번에 목을 자르지 않았다고 합니다. 고통을 주기 위해서 처음에는 칼등으로 목뼈만 부러뜨리고 그다음 칼날을 바로 세워서 서너 번으로 나누어서 목을 잘랐답니다.

망나니도 직업 때문에 사람을 칼로 치기는 하지만 본인도 자식을 기르고 있는 처지라, 아이들이 쌀을 모아 와서는 "우리 엄마 한 번에 죽게 해 주십시오!"라고 청하자 감동하여 "그래, 걱정하지 마라, 내일 너희 엄마 한 번에 죽게 해 주마!"라고 약속했습니다.

다음 날 아침 이성례 마리아는 형장으로 끌려 나가서 머리를 풀어 헤치고 칼을 받을 준비를 했습니다. 아이들에게 절대 그 자리에 오지 말라고 했건만 막내 아이는 사람들 틈에 끼어서 엄마를 보고는 울기 시작합니다. 놀란 큰아이가 "너 울면 안 된다, 엄마가 우리 쳐다본다." 하며 막내 동생의 입을 가로막았습니다.

그러나 어찌 어미가 자식이 우는 소리를 듣지 못하겠습니까? 막내 아이의 울음소리에 얼굴을 들어 보니 아이들 셋이 사람들 틈에 끼어서 입을 다물고 울고 있는 모습이 보였습니다. 순간 많이 흔들렸지만 "제가 하느님을 위해 죽으니 제 자식들을 지켜 주실 것을 믿습니다."라고 기도했을 것입니다.

망나니는 그 아이들과 엄마를 쳐다보다가 칼춤 추는 것도 포기하고 단번에 엄마의 목을 잘라 냈답니다. 그 후에 최양업 신부님의 동생들은 거지가 되어 떠돌아다녔습니다. 최양업 신부님의 어머니 이성례 마리아는 인간적인 육정 때문에 잠시 주님을 배반했지만 즉시 제정신을 차리고 주님을 위해서 자신의 목숨과 자식까지도 포기했습니다. 주님의 뜻을 자식보다, 혈육보다, 마침내는 자신의 목숨보다 더 소중히 여겼던 최양업 신부님의 어머니는 참으로 훌륭한 어머니입니다.

김대건 신부님의 어머니 고 우르술라 역시 자신보다 주님을 더 소중히 여긴 진짜 신앙인이었습니다. 그의 남편인 김제

준 이냐시오가 공소 회장이었기 때문에 공소 회장의 부인으로서 교회의 일을 하고 신부님의 식사와 교우들의 접대 준비를 책임지고 마련했습니다. 그런데 아들인 김대건 신부님이 유학을 떠난 지 불과 3년 후에 기해박해가 일어나자 온 가정이 박해의 소용돌이에 휘말렸습니다. 그의 사위가 배교자 김여상(순성)의 사주를 받고서 장인과 온 가족을 관가에 고발하여 붙잡히게 했고 계속해서 배교자를 앞세워 포졸들을 데리고 신자들을 체포하러 다녔던 것입니다.

그 후 남편인 김제준 이냐시오는 서울에서 참수를 당해 순교하였고 시아버지인 김택현은 매를 맞고 심문을 당한 후에 산중으로 피해 다니다가 굶어 죽습니다. 그러자 김대건 신부님의 어머니 고 우르술라는 불과 열두 살인 둘째 아들과 함께 일정한 거처도 없이 거지가 되어 얻어먹으며 떠돌다가 예순여섯의 나이로 세상을 떠나게 됩니다. 그녀의 시신은 아들 김대건 신부님이 묻혀 있는 안성 미리내에 안장되어 있습니다. 그녀는 성모님과 같이 모든 어머니들이 본받아야 할 어머니 중의 어머니입니다.

위대한 사람 뒤엔 늘 위대한 어머니가 있습니다. 우리나라

역사에서는 훌륭한 어머니로 이율곡의 어머니인 신사임당과 한석봉의 어머니를 꼽을 수 있습니다. 한석봉의 어머니는 아들을 절에 보내 공부하게 했는데 절에서 공부하던 한석봉은 어느 날 어머니와 집이 그리워 밤중에 집으로 돌아옵니다. 어머니는 엄한 얼굴을 하며 불을 끈 후에 어두운 방안에서 아들에게 글씨를 쓰게 하고 자신은 떡을 썰었습니다. 불을 켜고 보니 한석봉의 글씨는 어머니가 썬 떡처럼 고르지 못하고 삐뚤삐뚤했습니다. 한석봉은 어머니의 꾸지람을 듣고 그 길로 다시 절로 돌아갔습니다. 한석봉의 어머니는 아마도 아들을 보내 놓고 한없이 울었을 것입니다.

그런 어머니의 애쓴 보람으로 한석봉은 스물여덟 살에 진사시에 오르고 나중에는 천하의 명필로 이름을 알리게 되어 중국 사신들도 그의 글씨 한 폭을 얻어 가기를 소원할 만큼 성공하게 됩니다.

이번에는 맹자의 어머니 이야기입니다. 맹자의 단기지계 斷機之戒라는 말의 뜻은 다음과 같습니다. 맹자가 어머니를 떠나 공부를 하다가 어머니가 그리워 고향 집으로 가 보았습니다. 때마침 베틀에서 베를 짜고 있던 어머니는 잠시 손을 멈추고, 아들에게 배울 것을 다 배웠느냐고 물었습니다. 이에 맹자가 "평생을 두고 배워야 할 것을 어찌 그동안에 다 배웠겠습니까?" 하고 대답하자 그의 어머니는 짜고 있던 베를 칼로 끊으며 "네가 공부를 하다가 중단하는 것은 내가 여태껏 애써서 짜던 이 베를 끊는 것과 같다."라고 말했답니다. 맹자는 그 일로 크게 깨닫고 되돌아가서 부지런히 공부하여 경서를 모두 통달한 후에야 고향으로 돌아왔다고 합니다. 맹자의 어머니도 애써 짠 베를 끊으며 자식을 깨닫게 함으로써 자식을 훌륭한 사람으로 만들었던 것입니다.

사실 모든 어머니들이 방법만 다를 뿐 자녀를 위한 마음은 다르지 않습니다. 방법이 다르고 행동이 다를 뿐 자녀를 위해 목숨까지도 내놓을 수 있는 마음은 다를 것이 없습니다. 모든 어머니들께 감사드립니다.

이중 잣대

　내가 하면 로맨스고 남이 하면 불륜이라고 합니다. 같은 행동을 다른 잣대로 재기 때문에 자신의 행동은 좋게 보고 남의 행동은 나쁘게 봅니다. 그리스 신화에 '두 개의 주머니'라는 이야기가 있는데 창조의 신인 프로메테우스가 사람을 만들 때 두 개의 주머니를 달아 놓았다고 합니다. 하나는 남의 단점을 담는 주머니로 몸의 앞쪽에 매달고, 다른 하나는 자신의 단점을 담는 주머니로 몸의 뒤쪽에 매달았습니다. 남의 단점은 몸의 앞에 있으니 잘 보이고 자신의 단점은 몸의 뒤에 있어서 잘 보이지 않기 때문에 사람들은 남의 단점은 잘 보지만 자신의 단점은 잘 보지 못한다는 것입니다.

그런데 몸의 앞에는 남의 단점을 담는 주머니와 함께 다른 주머니가 하나 더 있는데 자신의 장점을 담는 주머니입니다. 몸의 앞에 있으니 잘 보이겠지요. 그래서 자신의 장점은 아주 크게 보이는 것입니다. 그리고 몸의 뒤에는 자신의 단점을 담는 주머니와 함께 남의 장점을 담는 주머니도 있다고 합니다. 자신의 결점과 남의 장점은 몸 뒤에 있어서 잘 보이지 않고 애써 보려 해도 아주 작게 보이는 것입니다. 그래서 사람들은 자신의 장점은 크게 보고 남의 장점은 작게 보며, 자신의 단점은 작게 보고 남의 단점은 크게 본다고 합니다.

예수님도 "너는 어찌하여 형제의 눈 속에 있는 티는 보면서, 네 눈 속에 있는 들보는 깨닫지 못하느냐?"(루카 6,41)라고 말씀하시며, 자신의 단점은 잘 보지 못하면서 이웃의 단점을 잘 보는 사람을 야단치셨습니다.

오늘은 앞과 뒤의 주머니를 한번 바꾸어 봅시다. 남의 단점이 담긴 주머니를 뒤로 보내고 자신의 단점이 달린 주머니를 앞으로 보내 봅시다. 그리고 자신의 장점을 담은 주머니를 뒤로 보내고 남의 장점을 담은 주머니를 앞으로 보내 봅시다.

그러면 세상이 다르게 보일 것입니다.

저는 환갑을 넘은 지금에 와서야 겨우 앞과 뒤의 주머니를 서로 바꾸어 보려고 시도하고 있답니다. 요즈음에는 남의 단점을 담은 주머니를 뒤로 보내고 저의 단점을 담은 주머니를 앞으로 가져오려고 노력하고 있습니다. 또한 저의 장점을 담은 주머니를 뒤로 보내고 남의 장점을 담은 주머니를 앞으로 가져오려고 노력하고 있습니다. 그래서인지 몸에 변화가 오기 시작했습니다.

얼마 전부터 눈이 조금 나빠졌습니다. 신문이나 작은 글씨는 돋보기를 써야 보이고 돋보기가 없으면 책을 멀리서 보아야 합니다. 그런데 다행인 것은 육체적 눈이 나빠지면서 남의 단점을 보는 눈도 나빠져서 전보다는 남의 단점을 잘 보지 못하게 되었습니다. 전에는 누군가가 잘못하면 즉시 제 눈에 밝고 선명하게 보여서 그 사람을 단죄하고 무시했는데 이제는 좀 더 이해하고 용서하려고 노력하는 걸 보면 분명히 남의 잘못을 보는 눈도 나빠진 것입니다. 즉 사물을 보는 육체적 눈도 나빠지고 남의 단점을 보는 심리적 눈도 나빠졌습니다.

반면에 마음의 눈은 좋아졌습니다. 사람을 보는 눈이 좋아진 것입니다. 전에는 사람을 볼 때 그 사람 안에 있는 좋은 것이 잘 안 보였는데 이제는 좋은 것이 전보다는 잘 보입니다. 나쁜 점보다는 좋은 점을 볼 수 있는 눈이 전보다 밝아진 것 같습니다. 어떤 사람 안에 나쁜 점이 열 가지가 있다면 전에는 나쁜 점이 일곱 가지나 보였는데 지금은 네 가지도 안 보입니다. 나쁜 점을 보는 눈이 어두워져서 나쁜 점을 잘 보지 못합니다. 반대로 좋은 점을 보는 눈은 밝아졌습니다. 어떤 사람 안에 좋은 점이 열 가지가 있다면 전에는 좋은 점이 네 가지 밖에 안 보였는데 지금은 일곱 가지나 보입니다. 좋은 점을 보는 눈이 밝아져서 좋은 점을 잘 봅니다. 참으로 다행스러운 일입니다.

다른 사람을 볼 때뿐만 아니라 제 자신을 볼 때도 잘 안 보이던 것들이 지금은 보입니다. 제 안에 있는 단점, 부족한 점, 고쳐야 할 점이 전에는 잘 보이지 않았는데 지금은 조금씩 보이기 시작했습니다. 그러니까 분명 제 마음의 눈은 좋아진 것입니다. 참으로 다행스런 일입니다. 몸의 눈이 나빠지는 것만 해도 서러운데 마음의 눈까지 나빠졌다면 더 속상할 뻔했습니다.

그런데 참 신기한 사실을 발견했습니다. 이웃의 좋은 점을 잘 보는 사람은 자신의 나쁜 점도 잘 보지만, 이웃의 나쁜 점을 잘 보는 사람은 자신의 나쁜 점은 잘 보지 못한다는 사실입니다.

사람은 한쪽 기능이 없어지면 다른 기능이 더 강해진다고 합니다. 눈이 멀어 앞을 못 보는 사람은 대체적으로 귀가 밝습니다. 눈이 어두워 보지 못하는 것을 귀로 들어서 보충하려는 본능 때문인가 봅니다. 또한 귀가 어두운 사람은 눈이 밝아집니다. 귀로 듣지 못하는 것을 눈으로 보충하려는 본능 때문일 것입니다. 이처럼 자신의 나쁜 점을 보는 눈이 어두운 사람은 그 대신 이웃의 나쁜 점을 듣는 귀는 밝습니다. 자신의 단점을 충고하는 말을 잘 듣지 못하는 사람은 그 대신 이웃의 단점은 잘 봅니다.

재판을 하는 법정에서는 서로 다른 세 부류의 사람이 죄인을 상대로 자기주장을 합니다. 죄의 결과만을 보고 준엄하게 단죄하려는 검사와 정상을 참작해서 용서하자는 변호사와 죄를 공정하게 판결하려는 판사가 있습니다. 검사의 역할은 가능한 한 죄를 캐내어 처벌하는 것입니다. 정상 참작이나 사건의 앞뒤를 보기보다는 그 자체 행동만을 단죄합니다. 그리하여 어떻게든 죄를 밝혀내 판사에게 형을 가하라고 부추깁니다.

변호사는 결과만을 보지 않고 정상을 참작해서 그렇게밖에 할 수 없었던 당시의 상황을 최대한 죄인의 입장에서 말합니다. 그리하여 가능한 한 죄가 없음을 증명하고, 혹시 죄가 있다면 죄를 가볍게 하려고 갖은 노력을 합니다. 가능한 한 좋은 점만을 보며 좋게 생각하여 판사에게 선처를 부탁합니다.

판사는 검사와 변호사의 서로 다른 의견을 충분히 듣고 나서 객관적이고 공평하게 판결을 내리려 합니다. 없는 죄를 뒤집어 씌워서도 안 되고 그렇다고 있는 죄를 없다고 하거나 무거운 죄를 가볍게 만들지 않도록 그야말로 공정하게 사실에 입각해서 진실대로 처리하려 합니다. 그래서 검사가 10년 징역을 구형하고 변호사가 무죄를 주장하면 판사는 2~3년을 선고하기도 하고 집행 유예 등을 언도하기도 합니다.

법정에서만 이런 일이 일어나는 것은 아닙니다. 우리의 일상생활에서도 이와 비슷한 일이 항상 일어납니다. 어떤 사람은 이웃을 볼 때 검사처럼 나쁘게만 봅니다. 이웃의 단점과 결점만을 들추어내어 나쁘다고 판단하고 단죄합니다. 어떤 사람은 변호사처럼 이웃을 좋게 봅니다. 혹시 나쁜 결과가 나왔어도 정상을 참작하고 어쩔 수 없었던 상황을 고려하여 좋게 보려 합니다. 어떤 사람은 판사처럼 객관적이고 진실하게 사건을 판단하고 있는 그대로 보려고 노력합니다. 사실보다 더 나쁘게 보지는 않지만 그렇다고 더 좋게 보지도 않습니다. 나쁜 점만을 들춰내지도 않지만 좋은 점을 찾으려고 노력하지도 않습니다.

우리는 이 세 사람 중 어디에 속할까요? 검사처럼 이웃의 나쁜 점을 보나요? 변호사처럼 이웃의 좋은 점을 보나요? 아니면 판사처럼 이웃의 장점과 단점을 있는 그대로 보나요?

예수님은 루카 복음에서 검사처럼 이웃의 잘못을 단죄하는 사람들에게 말씀하십니다. "네 눈 속에 있는 들보는 보지 못하면서, 어떻게 형제에게 '아우야! 가만, 네 눈 속에 있는 티를 빼내 주겠다.' 하고 말할 수 있느냐? 위선자야, 먼저 네 눈에서 들보를 빼내어라. 그래야 네가 형제의 눈에 있는 티를 뚜렷이 보고 빼낼 수 있을 것이다."(6,42)

사실 판사처럼 이웃의 잘못을 정확히 보기는 어렵습니다.

검사처럼 이웃의 잘못만을 보거나 변호사처럼 이웃을 좋게만 보거나 둘 중 하나이기 쉽습니다. 둘 중 하나라면 변호사처럼 이웃을 좋게 보는 것이 예수님의 가르침에 더 가까울 것입니다.

실제로 서로 오해하고 있을 때 오해가 풀리지 않는 이유는 상대를 사실대로 보는 게 아니라 사실보다 훨씬 더 나쁘게 보기 때문입니다. 자신을 한 번 욕한 사람이 자신을 열 번 백 번 욕했다고 오해하거나 실제의 잘못보다 더 크게 부풀려 생각하기 때문에 마음이 더 상하는 것입니다. 따라서 자신에게 가해진 피해를 좋게 해석하거나 자신에게 끼친 손해를 줄여주지는 못할망정 실제보다 부풀려서 더 크게 피해를 입었다고 단정하지는 말아야 합니다.

사람에게 이웃의 단점을 보는 주머니와 자신의 단점을 보는 주머니가 따로 있듯이, 사물을 보고 사건을 판단하는 잣대도 두 가지입니다. 하나는 자신의 뜻을 위한 자기중심적인 잣대이고 다른 하나는 하느님의 뜻을 위한 하느님 중심의 잣대, 즉 진실의 잣대입니다.

정치인들의 청문회는 그야말로 이중 잣대의 전형적인 모

습입니다. 전 정권에서는 위장 전입으로 낙마시키더니 자신들의 정권에서는 위장 전입에 사과 한마디 없이 통과시킵니다. 바로 이중 잣대로 잰 것입니다. 이중 잣대는 부도덕한 것입니다. 자신에게만 유리하게 적용하는 이중 잣대야말로 하느님의 잣대가 아니라 가장 이기적인 세상의 잣대입니다.

자신의 자녀를 편애하는 부모들이 있습니다. 한 아이는 더 사랑하고 한 아이는 덜 사랑하거나 미워하는 부모가 있습니다. 그런 부모는 두 자녀를 서로 다른 잣대로 재고 서로 다른 지시를 내립니다. 사랑하는 아이가 TV를 보고 있으면 엄마를 귀찮게 하는 것보다는 나으니까 가만히 내버려 두지만 미워하는 아이가 TV를 보고 있으면 TV만 보지 말고 엄마를 도와 달라고 일을 시킵니다.

이중 잣대의 모습들을 담은 말들을 소개합니다.

"내가 이성을 사귀면 로맨스고, 남이 이성을 사귀면 불륜이다.

남이 차를 천천히 몰면 소심 운전이고, 내가 천천히 몰면 안전 운전이다.

남의 남편이 설거지를 하면 공처가고, 내 남편이 설거지를 하면 애처가다.

며느리는 남편에게 쥐어 살아야 하고, 딸은 남편을 휘어잡고 살아야 한다.

남의 자식이 어른에게 대드는 것은 버릇없이 키운 탓이고, 내 아들이 어른에게 대드는 것은 자기주장이 뚜렷해서다.

사위가 처가에 자주 오는 것은 당연한 일이고, 내 아들이 처가에 자주 가는 일은 줏대 없는 일이다.

남이 술자리에 자주 가는 것은 인생을 낭비하는 것이고, 내가 술자리에 자주 가는 것은 인생을 즐기기 위한 것이다."

우리도 마찬가지입니다. 이웃을 자기의 잣대로, 세상의 잣대로 판단한다면 모든 것이 못마땅하고 모든 사람이 마음에 들지 않아 받아들일 수 없고 사랑할 수 없을지 모릅니다. 그러나 하느님의 잣대로 잰다면 모든 것을 받아들이고 모든 사람을 사랑할 수 있을 것입니다. 세속의 잣대로 볼 때는 죽이고 싶도록 미운 남편이 하느님의 잣대로 보면 더없이 사랑스러운 남편이 될 수 있습니다. 세상의 잣대로 볼 때는 한없이 얄미운 이웃도 하느님의 잣대로 보면 좋은 이웃이 될 수 있습니다.

끝없는 욕심

 인간의 욕심은 끝이 없습니다. 무한하신 하느님을 닮았기 때문입니다. 인간은 유한한 존재이면서도 무한하고 완전하신 하느님을 닮아서 무한한 것, 영원한 것, 끝없는 행복을 원하고 찾습니다. 인간은 아무리 좋은 것을 갖고 있어도 만족하기보다는 더 좋은 것을 갖고 싶어 하고, 아무리 많은 돈을 갖고 있어도 더 많은 돈을 갖고 싶어 합니다. 아무리 오래 산 사람이라도 더 오래 살고 싶어 합니다.
 백 살이 된 위대한 임금이 있었습니다. 그는 부러울 것 없이 잘살았고 자신이 즐길 수 있는 것은 가리지 않고 즐겼습

니다. 어느 날 죽음의 신이 찾아 와서 말했습니다. "너도 죽을 때가 되었으니 준비하여라. 나는 죽음의 신이다." 임금은 위대한 전사였고 셀 수 없이 많은 전투에서 승리했지만 죽음의 신 앞에서는 부들부들 떨며 말했습니다. "아직 죽을 때가 안 되었습니다." 죽음의 신이 말했습니다. "때가 안 됐다고? 너는 백 년 동안이나 살았고 네 자식들조차 늙었다. 네 큰애가 여든 살이나 됐다. 그런데도 너는 더 살기를 원하느냐?" 백 명이 넘는 아들의 아버지인 임금이 죽음의 신에게 애원했습니다. "더 살게 해 주세요. 저는 당신이 누구인지도 알고, 저를 데려가야 한다는 것도 알고 있습니다. 그러나 제가 제 아들 중에서 한 명을 내어 준다면, 제 대신 아들을 데려가고 저는 백 년을 더 살게 해 주시겠습니까?"

말을 끝낸 임금은 백 명의 아들을 한자리에 불러 놓고 말했습니다. 제일 큰아들은 들은 척도 하지 않았고 다른 아이들도 마찬가지여서 주위에는 무거운 침묵이 흘렀습니다. 그런데 갑자기 나이가 가장 어린 열여섯 살의 아들이 자리에서 일어나 말했습니다. "제가 아버지 대신 가겠습니다." 그 말에 죽음의 신이 대꾸했습니다. "너는 어리석은 아이로구나. 아흔

아홉 명의 형들이 눈치만 살피고 있는 것을 보지 못했느냐? 너보다 훨씬 늙은 네 형들도 더 살기를 바라고 있지 않느냐? 그런데 너는 아직 충분히 살아 보지도 않았어. 너를 데려간다는 것은 내 마음에도 내키지 않는구나. 다시 한 번 생각해 보아라."

그러나 소년은 당당하게 말했습니다. "아닙니다. 저는 충분히 생각하고 결정한 것입니다. 그러니 미안하게 생각하지 마십시오. 저는 평안한 마음으로 죽음을 맞이할 것입니다. 제 아버지가 백 살을 살고도 만족하지 못하고 저보다 오래 산 아흔아홉 명의 형들도 만족하지 못한다면 저 역시 백 년을 살아도 만족할 수 없을 것입니다. 그러니 시간을 낭비할 필요가 있겠습니까? 저는 아버지가 백 년을 더 살도록 하겠습니다. 제가 더 살다가 죽든지 지금 죽든지 다를 것이 없지요. 그러니 어서 저를 데려가세요."

죽음의 신은 결국 그 소년을 데려갔습니다. 그로부터 백 년 후에 죽음의 신이 다시 임금에게 찾아 왔습니다. 임금은 그때까지도 더 살고 싶은 욕심이 있어서 말했습니다. "백 년이란 세월이 너무 짧군요. 보십시오. 제 아들들은 모두 늙어서 죽었습니다. 그렇지만 저는 또 자식을 낳았지요. 이번에도 저는 제 아들은 드릴 수 있으니 아들을 제 대신 데려가 주십시오."

매번 똑같은 상황이 되풀이되었습니다. 천 년 동안이나 임금은 똑같은 식으로 위기를 넘겼고, 그동안에 죽음이 열 번이나 찾아왔습니다. 죽음의 신은 임금을 살려 주는 대가로 아홉 번이나 임금의 아들들을 데려갔고 그 대가로 임금은 천 년을 더 살았던 것입니다. 열 번째 죽음이 찾아왔을 때 임금이 말했습니다. "당신이 나를 처음 찾아왔을 때도 따라가기 싫었고, 지금도 마찬가지입니다. 그렇지만 이번에는 당신을 따라가겠습니다. 이제는 더 이상 당신에게 호의를 구할 수가 없고 더 큰 이유는, 천 년이 나를 만족시켜 줄 수 없다면 만 년이라고 어찌 나를 만족시켜 줄 수 있겠습니까? 그래서 이젠 포기한 거랍니다."

이 세상의 그 어느 것도 우리를 완전히 만족시켜 줄 수 없습니다. 아무리 많은 재물을 가져도, 아무리 큰 권력과 명예를 쌓아도, 아무리 아름다운 미모와 건강한 몸을 가져도, 아무리 오래 살아도 결코 만족할 수 없는 곳이 이 세상입니다.

하느님이 그렇게 창조하셨기 때문입니다. 이 세상은 어디까지나 잠시 머무는 곳, 기껏해야 백여 년밖에 살지 못하는 곳, 영원한 하느님 나라에서 살아갈 시간에 비하면 한순간밖에 안 되는 짧은 삶이 바로 이 세상 삶입니다.

우리가 바라는 것이 모두 이루어지는 곳, 우리를 완벽하게 만족시켜 줄 곳, 완전한 행복을 누릴 수 있는 곳은 하느님 나라밖에 없습니다. 그러므로 그 무엇으로도 만족할 수 없는 이 세상에서 만족을 찾으려 하지 말고, 들어가기만 하면 완전히 만족할 수 있는 하느님 나라를 동경하며 하느님 나라의 기쁨을 지금부터 누리는 삶을 살아야겠습니다.

죽음을 대비한 보험

사람들은 죽음을 앞두고 세 가지를 후회한다고 합니다. 첫째는 '베풀지 못한 것에 대한 후회'입니다. 가난하게 산 사람이든 부유하게 산 사람이든 죽을 때가 되면 "좀 더 나누면서 살 수 있었는데……. 긁어모으고, 움켜쥐어 봐도 별 것 아니었는데 왜 좀 더 나누어 주지 못하고 베풀며 살지 못했을까? 참 어리석게 살았구나." 하며 나누지 못한 것을 크게 후회한다는 것입니다.

둘째는 '참지 못한 것에 대한 후회'입니다. "그때 내가 조금만 더 참았더라면 좋았을 걸, 왜 쓸데없는 말을 하고 쓸데없이 행동했던가." 하고 후회합니다. 그 당시에는 자신이 옳았다고 생각했습니다. 그것이 최선이라고 생각했고 그럴 수밖에 없었다고 생각했지요. 그러나 지나고 보니 그때 참았더라면 인생이 많이 달라졌을 텐데 하며 후회한다는 것입니다.

셋째는 '좀 더 기쁘게 살지 못한 것에 대한 후회'입니다. "왜 그렇게 빡빡하고 재미없게 살았던가? 왜 그렇게 짜증 내며 힘겹고 어리석게 살았던가? 얼마든지 기쁘고 즐겁게 살 수도 있었는데……." 하며 복되게 살지 못한 것을 후회하고, 그러한 자신으로 인해 주위 사람들이 힘들었을 것을 뒤늦게 깨닫고 후회한다고 합니다.

우리가 죽을 때는 이런 후회를 하지 않도록 베풀며 살고, 참으며 살고, 기쁘게 살아야겠습니다. 사실 열심히 신앙생활을 한 신자들은 이러한 후회를 하지 않거나 한다고 해도 덜 합니다.

지속적으로 신앙생활을 해 온 신자들은 대개 나름대로 베풀며 삽니다. 직접 이웃에게 베풀기도 하고 성당에 교무금이나 건축 헌금, 감사 헌금 같은 특별 봉헌을 통해 간접적으로 이웃에게 베풀며 삽니다. 그래서 신앙인들은 죽기 전에 "좀 더 베풀며 살 걸." 하는 첫 번째 후회를 하지 않거나 덜 할 수 있습니다. 특히 마태오 복음 25장에 나와 있는 최후 심판의 기준대로 '가난한 이에게 베푼 것이 나에게 베푼 것'(마태 25,40 참조)이라는 주님의 말씀을 실천하며 살아온 사람들이라면 베풀지 못한 것에 대한 후회 대신 평생을 나누며 살아왔다는 보람으로 흐뭇할 것이고 하늘에 쌓은 보화에 더 큰 희망을 가질 것입니다.

또 세상 사람들이 하는 '좀 더 참지 못한 것에 대한 후회'에 있어서도 신자들은 후회를 덜 하거나 하지 않을 수 있습니다. "너희는 원수를 사랑하여라. 그리고 너희를 박해하는 자들을 위하여 기도하여라. 그래야 너희가 하늘에 계신 너희 아버지의 자녀가 될 수 있다."(마태 5,44-45)라는 말씀을 수도 없이 들었고 이 말씀을 지키기 위해 엄청난 인내를 발휘했기 때문입니다. 신자들은 예수님을 생각하며 참고 살아왔기 때문에 참지 못한 것을 후회하기보다는 잘 참아온 결과를 흐뭇해하면서 죽을 수 있고 또한 잘 참게 해 주신 주님에게 감사드리며 죽을 수 있습니다.

그러나 일반적으로 사람들에게 죽음은 무섭고 두려울 수

밖에 없습니다. 그래서 사람들은 결코 피할 수 없는 이 고통스러운 죽음을 맞이하면서 여러 단계를 거친다고 합니다. '퀴블러로스'라는 학자는 사람들이 죽음을 받아들이는 과정이 다섯 단계라고 말합니다. "첫 번째 단계에는 죽음에 자신을 내맡기기를 거부하고, 두 번째 단계에는 왜 하필이면 죽음의 위협이 자신에게 닥쳤는지 분노를 느끼고, 세 번째 단계에는 이미 절박하게 다가온 운명을 피하기 위하여 하느님과 담판을 하며, 네 번째 단계에는 체념과 절망이 섞여 의기소침하고, 마지막 다섯 번째 단계는 죽음을 받아들이고 동의하게 된다."라는 것입니다. 결국 죽음을 피할 수 없기 때문에 마지못해 굴복한다는 것입니다.

그러나 우리 그리스도인들은 죽음에 굴복하는 것이 아니라, 우리를 기다리는 영원한 생명의 나라로 들어가기 위해 죽음을 맞이하는 것입니다. 그래서 '조르드 베르나노스'라는 작가는 "그리스도인들도 죽음의 엄청난 고뇌를 피할 길은 없다. 그러나 안심하고 고뇌할 수는 있다."라고 고백합니다.

맞습니다. 부활을 믿고 희망하는 우리 그리스도인들도 죽음의 두려움으로부터 완전히 해방될 수는 없지만 믿지 않는 이들과는 전혀 다릅니다. 신자들은 스스로 죽음을 이기고 부활하신 주님이 자신을 죽음에서 부활시키실 것을 믿기 때문에 안심하고 죽을 수 있습니다.

그래서 우리 신자들은 "제가 비록 어둠의 골짜기를 간다 하여도 재앙을 두려워하지 않으리니 당신께서 저와 함께 계시기 때문입니다."(시편 23,4)라는 성경 말씀을 노래하면서 죽음에 대한 두려움을 이겨 내는 연습을 합니다. 또한 "나는 부활이요 생명이다. 나를 믿는 사람은 죽더라도 살고, 또 살아서 나를 믿는 모든 사람은 영원히 죽지 않을 것이다."(요한 11,25-26) "다시는 죽음이 없고 다시는 슬픔도 울부짖음도 괴로움도 없을 것이다."(묵시 21,4)라는 주님의 말씀을 묵상함으로써 죽음에 대한 두려움을 이겨 낼 수 있는 것입니다.

죽음을 준비하는 좋은 방법 중의 하나는 죽은 후에 자신을 위해 기도해 줄 사람을 만드는 일입니다. 우리가 연옥에서 천국으로 가기 위해서는 우리를 위해 기도해 주는 사람이 필요합니다. 우리는 사람이 죽으면 착하게 산 사람은 천국에, 악하게 산 사람은 지옥에, 보속할 것이 남은 사람은 연옥에 간다고 믿습니다. 그렇다면 여러분이 지금 죽게 된다면 천국에 갈 것 같습니까? 지옥에 갈 것 같습니까? 아니면 연옥에 갈 것 같습니까?

너무 겸손한 척하는 사람은 지옥에 갈까 봐 걱정합니다. 죄를 많이 지었다고 생각하는 사람도 자신은 지옥에 갈지도 모른다고 생각합니다. 또 어떤 사람들은 신부님이나 수녀님이나 성인 같은 분들이나 천당에 가지 보통 사람들이 어떻게 천당을 바라겠냐고 말하기도 합니다. 딱히 지옥에 떨어질 거라고 생각하지는 않지만 천당에 가기도 어려울 거라고 생각하는 모든 사람들의 생각은 다 잘못된 생각입니다. 하느님의 자비를 과소평가함으로써 인자하신 하느님을 엄청 섭섭하게 해 드리는 생각입니다.

만일 일곱 살짜리 꼬마가 엄마 말을 안 듣고 몰래 엄마 지갑에서 천 원을 가져다가 과자를 사 먹었다고 합시다. 분명 잘한 일은 아니고 잘못을 저질렀으니, 그 잘못에 합당한 벌을 받는 것이 당연할지도 모릅니다. 그렇다고 해서 엄마가 그 아이를 경찰에 고발해서 감옥에 가두겠습니까? 밥을 며칠 굶기는 벌을 주겠습니까? 피가 나고 **뼈**가 부러지도록 가혹한 매질을 하겠습니까? 아닙니다. 교육상 간단한 벌로 볼기짝을 살짝 때릴지는 몰라도 치명적인 벌은 내리지 않을 것입니다.

하느님은 엄마보다 훨씬 더 인자하신 분입니다. 그토록 인자하신 하느님이 인간의 몇몇 가지 잘못을 지옥이라는 무서운 벌로 다스리지는 않으실 것입니다. 우리는 지옥에 떨어질까 봐 걱정할 필요가 없습니다.

아마 이런 사람은 지옥에 떨어지겠죠. 지옥에 가고 싶어 환장한 사람, 착한 일은 한 번도 한 적이 없고 평생 나쁜 일만 골라서 수도 없이 저지르고도 조금도 뉘우침이 없이 계속 더 나쁜 짓을 하려고 혈안이 된 사람, 일부러 하느님을 욕하고 저주하고 거부하고 하느님의 일을 방해하면서 조금도 회개하지 않는 사람들이라면 지옥에 갈 수도 있을 것입니다.

그러나 그런 사람이 몇이나 되겠습니까? 저는 거의 없다고 생각합니다. 어쩌다 나쁜 짓을 했고 어쩌다 죄를 저질렀어도 마음의 가책을 느끼고 후회하며 뉘우친다면 지옥이 아니라 하느님 나라에 갈 것입니다. 물론 연옥에서는 많은 단련을 받아야겠지요.

우리는 죽으면 바로 천국에 간다고 장담할 수 없고, 먼저 연옥에 가서 단련을 받은 후에 천국으로 간다는 것이 우리의 교리입니다. 그렇다면 연옥에 있는 동안 자신을 위해 기도해 줄 사람이 있어야 합니다. 내가 죽으면 내가 젊음과 정성을 다해 키운 자식들이 나를 위해서 기일에 기도를 하고 미사를 봉헌해 줄 것인지 한번 생각해 보십시오. 또 평생을 함께한 남편이나 아내가 나를 위해 기도해 주겠는지 한번 헤아려 보십시오. 자신이 죽은 후 자신을 위해 기도할 사람이 있을 거라고 자신 있게 대답할 수 있는 사람은 참으로 행복한 사람입니다. 그렇지 못한 사람은 위령 기도를 해 주고 죽은 이를 위한 미사를 바쳐 줄 사람을 만드십시오. 지금이라도 그런 사람을 구하려고 노력하십시오.

노년을 위해서는 보험을 들고 저축을 하면서, 죽은 후 연옥에서 고통당할 자신을 위해 기도해 줄 사람이 없다면 참으로 슬픈 일입니다. 내가 이 세상에 있을 때 기도해서 천국에 가게 된 영혼은 내가 죽은 후에 나를 위해 천국에서 기도해 줄 것입니다. 내가 이 세상에서 많은 영혼이 천국에 갈 수 있도록 기도해 준다면 내가 죽었을 때 나를 위해 기도해 줄 많은 영혼을 만드는 것입니다.

돈 없고 배운 게 없어도 행복한 집

어버이날인 지난 5월 8일 안타까운 일이 벌어졌습니다. 경기도 용인시에서 지병을 앓아 온 60대 노부부가 자식에게 짐이 되는 걸 견디지 못하고 목을 매 숨졌습니다. 병 수발을 해 온 아들 부부에게 "미안하다 고마웠다."라는 유서를 남긴 것을 보면 그동안의 삶이 편치 않았나 봅니다. 우리나라 노인의 자살률이 세계 최고라니 우리나라 노인들의 불행이 얼마나 큰지 짐작이 갑니다.

노인뿐만 아니라 어린이들도 불행하기는 마찬가지입니다. 지난 5월 5일 어린이날 어느 신문에 실린 글을 보니 우리나라 어린이들의 행복 지수가 경제 협력 개발 기구OECD의 회원국 23개국 중 꼴찌였는데, 다른 나라보다 조금 뒤떨어진 수치로 꼴찌가 된 것이 아니라 타의 추종을 불허하는 수치로 꼴찌가 되었다고 합니다.

사실 이 나라의 어린이들이 행복하게 뛰어놀며 자랄 수 있는 곳이 마땅치 않습니다. 청소년들도 불행합니다. 그들이 갈 곳이 없다고들 말합니다. 어디를 가도 잔소리와 감독의 눈초리뿐, 설 땅이 없습니다. 공부를 가장 잘하는 학생들만 모아 놓았다는 우리나라 최고의 대학인 카이스트의 학생들이 줄줄이 자살을 합니다. 하물며 공부를 못하는 학생들이야 오죽하겠습니까? 인간관계 등을 포기하게 만들고, 살인적인 성적 경쟁으로 내모는 잘못된 교육의 결과일 것입니다.

가지지 못한 사람들, 배우지 못한 사람들, 똑똑하지 못한 사람들, 능력이 없고 힘이 없는 사람들이 설 자리가 없습니다. 배우지 못하고 가지지 못하고 힘이 없다고 무시당하고 대접받지 못하고 존경받지 못합니다. 그들이 편안히 거처할 자리가 없습니다.

그렇다고 해서 많이 배운 사람들, 많이 가진 사람들, 힘이 있는 사람들, 똑똑한 사람들은 행복할까요? 그들은 어디에 가나 사랑받고 존경받고 대접받고 인정받아 마음이 편안할까요?

대답은 "아니다."입니다. 한때 지상 최고의 권력과 부를 가졌던 전직 대통령도 자살을 선택했고 재벌, 시장, 군수, 잘나가는 정치인, 청소년들의 우상인 연예인들도 스스로 목숨을 끊는 일이 비일비재합니다. 인간이면 누구나 잘났든 못났든, 많이 가졌든 못 가졌든 편안한 곳에서 행복을 누릴 권리가 있지만 우리가 사는 이 사회는 그렇지 않습니다.

이런 불행한 사회에 사는 우리에게 예수님은 큰 위로가 되는 말씀을 하십니다. "내 아버지의 집에는 거처할 곳이 많다."(요한 14,2)

세상에는 편안히 있을 곳이 없어 불행하지만, 하느님 아버지의 집에는 있을 곳이 많다니 정말로 큰 힘이 됩니다. 세상에서는 돈이 많아도 아는 게 많아도 똑똑해도 행복하지 못한데, 하느님의 집에만 가면 가진 게 없고 아는 게 없어도 대접받고 사랑받으며 지낼 곳이 많다니, 이보다 더 기쁜 소식이 어디 있겠습니까?

실제로 예수님은 하느님 아버지 집에 거처할 곳이 많음을 여러 번 보여 주셨습니다. 가진 것도 많고 아는 것도 많은 똑똑하고 잘난 사람들이나 예의 바르고 신앙심 깊은 사람들만 예수님에게 나아간 것이 아니라 가지지 못하고 배우지 못한 사람들, 죄인, 못난 사람, 남에게 피해나 주는 사람, 손가락질 당하는 사람들도 예수님에게 나아가서 예수님과 함께 머물렀습니다.

그리고 예수님은 당신처럼 모든 사람이 편안하게 거처할 곳을 마련해 주기 위해 교회를 세우셨습니다. 그 교회가 바로 우리 가톨릭교회이기 때문에 우리 교회는 예수님처럼 하느님 아버지 집에는 있을 곳이 많음을 행동으로 보여 줘야 합니다. 예수님이 모든 사람을 다 받아들이셨듯이 우리 가톨릭교회는 모든 사람을 다 받아들이는 교회, 모든 사람이 편안히 있을 곳을 만들어 주는 교회가 되어야 합니다.

사회에서 마음이 편치 않은 사람도 오면 편안함을 느끼는 곳이 바로 우리의 성당이어야 합니다. 사회에서는 가진 게 적고 아는 게 적고 힘이 없다고 무시당했지만, 성당에 오면 존경받고 인정받고 사랑받는 곳이 되어야 합니다. 세상에서 상처받은 사람들이 성당에 와서까지 상처받아서는 안 됩니다. 오히려 세상에서 받은 상처를 위로받고 치유받는 곳이 바로 우리 성당이어야 합니다.

세상에는 편안하게 설 자리가 없지만 성당에는 편안히 거처할 자리가 많이 있어야 합니다. 우리 모두가 바로 그런 자리를 만들어야 합니다. "내 아버지의 집에는 거처할 곳이 많다."(요한 14,2)

성령의 도우심으로 초능력을 발휘하세요

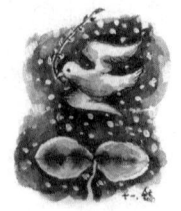

역도 선수 장미란의 힘은 정말로 대단합니다. 옛날에는 쌀 한 가마니를 들면 힘센 장사라고 했는데, 여자인 장 선수가 거의 쌀 두 가마니의 무게를 번쩍 들었으니 가히 인간의 한계를 뛰어넘는 장사라고 칭찬할 만합니다. 그러나 정말로 인간의 한계를 넘은 것은 아닙니다. 성경에는 인간의 한계를 훌쩍 뛰어넘어 초인적인 힘을 발휘한 사람이 나옵니다. 바로 삼손입니다. 그런데 삼손은 인간의 힘이 아니라 성령의 힘으로 초능력을 발휘한 것이고 장미란 선수는 단지 인간의 힘을 최대한 발휘했을 뿐입니다.

정신적으로 인간의 힘을 뛰어넘는 초인적 힘을 발휘한 사람이 있습니다. 1992년 10월 20일 서울 여의도 광장에서 세상을 비관한 한 젊은이가 차를 몰고 여의도 광장을 마구 내달려 두 명을 죽이고 스무 명에게 중경상을 입혔습니다. 몇 년 후, 그 차량 질주 사건으로 손자를 잃은 할머니가 그 범인을 용서해 주고 양자로까지 삼았습니다. 그 누구보다도 가해자를 미워할 듯한 피해자의 할머니가 교도소로 찾아가 가히 신적인 사랑을 베풀었습니다. 원수에게 그토록 큰 용서와 사랑을 실천하다니 이는 인간의 힘이 아닙니다. 초인적인 힘, 즉 하느님의 힘이요 성령의 힘입니다. 인간의 힘으로는 불가능한 일이 성령의 힘으로 가능했던 것입니다.

우리네 인생살이에는 인간의 힘으로 할 수 없는 일들이 너무나 많습니다. 때로는 모든 것을 제 힘으로 할 수 있을 것처럼 자신감이 넘치기도 하지만, 일이 뜻대로 안 될 때 무능함을 느껴 비참해지기도 합니다. 남편도 아내도 자신의 배로 난 자식들도 도대체 마음대로 안 됩니다. 인간관계뿐 아니라 사업도 건강도 우정도 사랑도 자신의 뜻대로 되는 게 없습니다.

이런 사소한 세상일도 인간의 힘만으로 안 되는데 어떻게 하느님의 뜻을 인간의 힘만으로 실천할 수 있겠습니까? 하느님 나라에 가는 구원을 어떻게 인간의 힘만으로 얻을 수 있겠습니까? 돈이 제일 좋아 보이는데, 돈보다는 하느님을 더 소중히 여기라는 예수님의 가르침을 어떻게 인간의 힘만으로 실천할 수 있겠습니까? 예수님은 당신을 십자가에 못 박는 사람을 미워하기는커녕 오히려 용서해 주시고 그들을 위해서 기도까지 해 주시면서 우리에게도 똑같이 하라고 하셨습니다. 그러나 도무지 보통 인간의 힘으로는 가능할 것 같지 않습니다.

그래서 예수님은 하늘에 오르시면서 도우미, 즉 협조자를 보내 주시기로 약속하셨습니다. "아버지께서는 다른 보호자를 너희에게 보내시어, 영원히 너희와 함께 있도록 하실 것이다. 그분은 진리의 영이시다."(요한 14,16-17) 그리하여 예수님의 승천 이후에 예수님이 보내 주신 성령을 받은 사람들은 놀라운 힘, 초인적인 힘이신 성령의 힘으로 초인적인 능력을 발휘했습니다.

그리스도교 최초의 순교자 스테파노 성인은 돌에 맞아 죽으면서도 자기를 죽이는 사람들을 용서하고 그 죄조차 묻지 말아 달라며 이렇게 기도합니다. "주님, 이 죄를 저 사람들에게 돌리지 마십시오."(사도 7,60) 인간의 경지와 한계를 뛰어넘는 이런 일이 성령의 도우심으로 가능했던 것입니다. "스테파노는 성령이 충만하였다."(사도 7,55)

성령을 받은 사람들은 하나밖에 없는 목숨까지 주님에게 바쳤습니다. 한국의 순교자 유대철 베드로의 영웅적 행위는 인간의 힘이 아닌 성령의 힘이었습니다. 고문자는 열세 살밖에 안 된 그의 허벅지 살점을 떼어 내면서 "이래도 천주교를 버리지 않겠느냐?"라고 소리쳤습니다. 그러나 성인은 당당히 대답했습니다. "그럼요, 이쯤으로 배교할 줄 아세요?"

옛날뿐만 아니라 현재도 인간의 힘만으로 불가능한 일들을 성령의 힘으로 해내면서 행복하게 사는 신앙인들이 많이 있습니다. 성령이 충만한 사람은 성령의 도우심으로 인간의 한계를 뛰어넘는 초인적인 삶, 은총의 삶을 살 수 있습니다. 예수님은 이러한 도움의 성령을 우리에게도 보내 주겠다고 말씀하셨습니다. 그러므로 우리는 성령에게 도움을 청하기만 하면 됩니다. 이해와 사랑이 모자라 괴로우면서도 인간의 힘으로 어쩌지 못할 때 성령에게 도움을 청하십시오. 남보다 더 가졌는데도 행복하지 못할 때, 아니 더 행복해지고 싶을 때, 인간의 힘으로 어찌지 못할 때 성령에게 도움을 청하십시오. 틀림없이 인간의 힘을 뛰어넘는 성령의 힘을 얻어 세상에서는 누릴 수 없는 은총과 평화와 구원을 체험할 것입니다.

제3장

교회는 제자리 찾기 운동 본부

교회는 제자리 찾기 운동 본부

사도행전에서는 예수님이 제자들과 함께 땅에 계시다가 하늘로 올라 가셨다고 표현합니다(사도 1,6-11 참조). 마치 고무풍선이나 슈퍼맨이 하늘로 올라가는 것처럼 설명했지만 육체를 가진 인간 예수님이 영적 존재인 하느님의 위치로 복귀하셨다는 뜻으로 묵상합니다.

예수님은 원래 완전하고 전능한 하느님이셨는데 인간을 구원하기 위해서 불완전한 인간의 위치로 내려와 33년 동안 인간으로 살다가 다시 하느님의 위치로 원상 복귀하신 것, 즉 원래 하느님이셨던 예수님이 하느님의 자리인 제자리를 찾으신 것이 승천의 의미일 것입니다.

사실 하느님이 이 세상을 처음 창조하실 때에는 모든 것이 제자리에 있어서 세상은 아름답고 사람들은 행복했습니다. 그러나 사람들이 자신들의 편리를 위해 제자리를 바꾸어 놓는 바람에 자연은 파괴되고 사람들은 불행하게 되었습니다. 최근 몇 년 동안 여름철에 폭우가 쏟아져 여러 번 물난리가 났는데 그 원인이 바로 둑방을 쌓아 물길을 억지로 돌려놓았기 때문이랍니다. 4대강 사업이야말로 물이 흘러야 할 제자리를 막는 것 같아 심히 염려됩니다.

모든 것은 제자리에 있어야 합니다. 있어야 할 자리에 있는 것이 제자리입니다. 눈, 코, 귀, 입이 있어야 할 제자리는 얼굴입니다. 그렇지 않고 그것들이 뒤통수에 있거나 손, 발, 무릎, 허리가 제자리에 있지 않고 엉뚱한 곳에 붙어 있다면 얼마나 불편하고 흉하겠습니까? 그러므로 제자리를 떠난 것은 하루빨리 제자리에 돌려놓아야 합니다. 망치나 송곳 등 연장을 사용한 후에는 연장이 있던 제자리에 놓아야 합니다. 그래야 다음에 찾기 쉽고 사용하기가 편리합니다. 낚시꾼은 낚싯바늘이나 낚싯줄 등 낚시 도구를 제자리에 잘 정돈해야 엉

키지도 않고 찔리지도 않습니다. 아이들에게는 모든 물건을 제자리에 놓는 습관을 길러 주어야 합니다.

사람도 제자리에 있어야 합니다. 남편이 있어야 할 자리는 가정인데, 만일 다른 여자와 잘못된 만남을 한다면 제자리를 떠난 것입니다. 아내나 자녀도 자신이 있어야 할 자리가 바로 제자리입니다. 학생의 제자리는 교실이나 책상 앞이고, 직장인이 근무 시간에 있어야 할 제자리는 직장의 근무처입니다.

신자들이 있어야 할 제자리는 어디입니까? 신자들이 주일날 있어야 할 제자리는 바로 성당입니다. 주일날 성당은 가지 않고 야외, 극장, 낚시터, 운동장, 놀이터 등에 가거나, 집에서 TV 앞에 있는 것은 모두 제자리를 떠나 있는 것입니다. 그것은 마치 눈, 코, 입이 제자리인 얼굴에 붙어 있지 않고 뒤통수에 붙어 있는 것과 비슷합니다.

신부인 저도 제자리를 떠났던 적이 있습니다. 휴일도 아닌데 낚시터에 있었으니까요. 신부가 있어야 할 제자리를 떠나 낚시터로 가려니 마음이 편치 않았습니다. 마치 죄인인 듯, 떳떳하지 못한 마음으로 신자들 몰래 낚시하러 갔던 적이 있었습니다.

모든 것이 제자리에 있어야 하는데, 사람들이 그 자리를 바꾸어 놓는 바람에 세상이 뒤죽박죽 뒤엉켜 자연도 인생도 엉망이 되어 버렸습니다. 자연은 파괴되고 인생은 불행하게 된 것입니다. 그래서 예수님이 이 뒤엉킨 세상을 풀어 주기 위해 이 세상에 오셔서 제자리를 되찾아 주셨습니다. 말하자면 '제자리 찾기 운동'을 시작하신 것이죠. 그리고 그 운동을 계속해 나가기 위해 교회를 세우시고 우리를 뽑으셨습니다.

따라서 예수님의 사명을 이어받은 우리 교회도 예수님처럼 제자리를 찾아 주는 일을 해야 합니다. 그래서 저는 우리 교회를 '제자리 찾기 운동 본부'라고 불러 봅니다. 새마을 운동, 쓰레기 줄이기 운동, 칭찬하기 운동이 있듯이 '제자리 찾기 운동'을 우리 교회가 주관하고 우리 신자들이 실천해야 할 것입니다. 모든 것이 제자리에 있어야 아름답고 행복하다는 것을 알기에 우리는 자연이 있어야 할 제자리, 자신이 있어야 할 제자리, 신자로서 있어야 할 제자리를 꼭 지키도록 합시다. '제자리 찾기 운동'의 사명을 받은 우리는 어떤 유혹을 받더라도 있어야 할 제자리를 떠나지 말아야 합니다.

성령이 오시면 행복해집니다

사람은 누구나 더 나아지기를 바라고 더 행복해지기를 원합니다. 그래서 더 나은 것을 얻으려고, 더 큰 행복을 얻으려고 많은 노력을 합니다. 그런데 물질에서 행복을 얻으려던 사람들은 행복하지 못했습니다. 지식이나 힘, 명예나 쾌락 등에서 행복을 찾던 사람들도 행복하지 못했고, 건강에서 행복을 얻으려던 사람들도 건강만으로는 행복하지 못했습니다.

우리는 더 나아지고 싶고, 더 행복해지고 싶은데 잘 안 됩니다. 우리네 인생에는 나약한 인간의 힘만으로는 안 되는 것들이 너무 많습니다. 그래서 신앙의 힘으로 해결하려 합니다.

특히 기적 같은 독특한 신앙 체험이 있으면 신앙심이 더 깊어질 수 있고 행복도 더 커질 수 있다고 생각합니다.

주일 학교 어린이 한 명이 꿈에 예수님을 뵙고 예수님을 더욱 사랑하게 되었답니다. 갓 영세한 한 신자는 꿈에 성모님을 뵙고 확고한 신앙심이 생겼다고 합니다. 그래서인지 예수님을 딱 한 번만 뵌다면, 꿈속에라도 좋으니 예수님의 목소리를 딱 한마디라도 들어 본다면, 예수님의 옷자락이라도 한 번 만져 본다면 신앙심이 더 깊어지고 더 행복해질 수 있을 거라고 말하는 신자들도 있습니다.

그러나 예수님을 손으로 만져 보고 예수님의 얼굴을 눈으로 보고 예수님의 목소리를 귀로 들었다고 해서 예수님을 더 잘 믿는 것은 아닌 것 같습니다. 예수님의 제자들은 자그마치 삼 년이나 예수님과 함께 살면서 예수님을 눈으로 직접 보고 무수히 만져 보고 수천 번도 넘게 예수님의 말씀을 들었지만, 신앙심이 깊어지지도 않았고 삶이 바뀌지도 않았습니다.

성경을 많이 알고, 교리 지식이 풍부하고, 신앙 체험이 많으면 더 깊은 신앙심이 생길 거라고 생각하는 신자들도 있습니다. 그러나 예수님의 제자들을 보면 꼭 그렇지만도 않습니다. 제자들만큼 많이 알고 많은 체험을 한 사람들도 없지만 또 그들처럼 형편없는 신앙인들도 별로 없을 것입니다.

그런데 그 제자들이 성령을 받고 나서는 완전히 달라졌습니다. 놀랍게 변했습니다. 그 많은 가르침을 예수님한테 직접 듣고도, 그 놀라운 기적을 생생하게 체험하고도, 예수님이 돌아가셨다가 살아나셨음을 두 눈으로 똑똑히 보고도 변하지 않던 완고한 마음이 성령을 받게 되자 비로소 의심 없는 믿음과 평화로운 마음으로 변화된 것입니다.

여기서 우리는 많이 알고 많이 체험하고 많이 노력한다고 해서 신앙심이 깊어지고 행복이 커지는 것이 아님을 배울 수 있습니다. 풍부한 경험과 지식이 사업을 하고 돈을 벌고 출세를 하는 데는 도움이 될지 몰라도 신앙심을 깊게 하거나 행복을 더 크게 만들어 가는 데는 별로 도움이 되지 않습니다. 그것들은 어디까지나 인간적인 지식이고 인간적인 체험이고 인간적인 노력이기 때문에 하느님만이 주실 수 있는 진정한 평화를 누리는 데는 별로 힘이 되지 못합니다.

태산처럼 믿었던 예수님이 부활하신 후 하늘로 올라가시자 더 이상 의지할 데가 없는 제자들은 다락방에 모여 문을

닫아걸고 무서워 벌벌 떨고 있었습니다. 그때 성령이 그들 위에 내려오셨습니다. 불꽃이 혀 모양으로 나타남으로써 성령을 받은 제자들은 마치 전기 충격을 받은 것처럼 뜨거움을 느꼈을 것입니다. 성령을 받은 제자들은 달라졌습니다. 겁쟁이에서 용감한 자로, 불안에 떨던 마음에서 평화로운 마음으로, 미지근한 믿음에서 확실한 믿음으로, 고통에 짓눌린 찌든 삶에서 기쁨에 넘치는 은총의 삶으로 바뀐 것입니다.

우리는 더 나아지려 하고 더 행복해지려 하지만 인간의 힘만으로는 잘 안 됩니다. 기도를 많이 해도, 예수님을 눈으로 직접 보고 예수님의 옷자락을 만진다고 해도, 그 자체로 신앙심이 더 깊어지거나 행복이 더 커지지는 않습니다. 더 나아지고 더 행복해지는 것은 인간의 힘만으로 되는 것이 아니라 성령의 도우심이 있어야 되는 것입니다. 그러므로 2천 년 전에 사도들에게 내리셨던 성령이 오늘 우리에게 오신다면 우리도 틀림없이 더 나아지고 더 행복해질 것입니다.

"오소서, 성령님. …… 가장 좋은 위로자, 영혼의 기쁜 손님, 저희 생기 돋우소서. 주님 도움 없으시면, 저희 삶의 그 모든 것, 해로운 것뿐이리라." (〈성령 송가〉 중에서)

사랑은 양보하고 일치하는 것

 천주교회의 기본적 가르침인 4대 교리 중의 하나가 삼위일체입니다. 삼위일체란 하느님은 한 분이신데 위격은 성부, 성자, 성령으로 셋이라는 교리입니다. 하느님이 한 분이신 것 같기도 하고 세 분이신 것 같기도 한 알쏭달쏭한 내용이지만 반드시 믿어야 할 교리입니다.

 옛날에 시골 공소를 방문한 신부님이 영세를 준비한 예비신자 할머니에게 질문했습니다. "하느님은 몇 분이십니까?" "한 분이십니다." "그럼 한 분이신 하느님 안에는 몇 개의 위격이 있습니까?" 한참 생각한 할머니는 자신 있게 대답을 했습니다. "두 개입니다." 어이없어 하는 신부님에게 할머니는 씩씩하게 대답했습니다. "제가 아주 어렸을 때 성당에 갔었는데 그때 벽에 걸려 있는 하느님 그림을 봤거든요. 거기에 긴 흰 수염이 있는 성부 할아버지가 젊은 청년인 성자 예수님을 안고 있고 가운데 비둘기 모습의 성령이 있었어요. 그런데 그 할아버지는 벌써 죽었을 거예요. 왜냐하면 나도 나이를 먹어서 죽을 때가 되었는데 어렸을 때 본 그 할아버지가 여태 살아 있을 리가 없잖아요." 한 분이신 하느님이 성부, 성자, 성령 세 위격이라는 어려운 교리를 알아들을 수 없어서 생긴 우스갯소리입니다.

하느님은 한 분이시지만 성부, 성자, 성령 세 위격이라는 삼위일체의 신비를 인간의 작은 머리로 다 알아들을 수는 없습니다. 마치 작은 잔에 큰 양동이의 물을 다 담을 수 없듯이 인간의 작은 머리로는 바다보다 훨씬 더 큰 하느님의 진리를 다 담을 수 없기 때문에 우리는 따지지 않고 그냥 신앙으로 믿는 것입니다.

성부, 성자, 성령은 분명히 다른 위격이지만 사랑으로 일치하여 한 분이 되셨으므로 우리도 이웃과 사랑으로 일치하고 하느님과 사랑으로 하나가 되면 삼위일체 하느님의 사랑을 알아듣고 체험할 수 있습니다.

사랑으로 일치하고 하나가 되기 위해서는 주어야 하고, 이해해야 하고, 용서해야 하고, 참아야 하고, 고통당해야 하고, 양보해야 합니다. 양보는 사랑의 한 가지 방법입니다. 양보하지 않으면 사랑할 수 없고 양보하지 않는 사랑은 참사랑이 아닙니다.

원수지간인 고래와 새우가 외나무다리에서 만났습니다. 외나무다리는 한 명만 지나갈 수 있는 좁은 길이므로 둘 중 한 명은 양보를 해야 다리를 건널 수 있습니다. 그런데 고래와 새우는 한 치의 양보도 없이 서로 상대에게만 양보하라고 싸우다가 결국은 둘 다 죽고 말았습니다. 죽은 후 해부를 해서 죽은 원인을 규명해 보았더니 고래는 허파가 뒤집혀 죽었고 새우는 간이 부어 죽었답니다.

양보는 사랑의 기술이자 방법입니다. 자신의 생각과 행동을 보류하고 상대의 생각과 행동을 따라 주는 것이 양보입니다. 그러나 자신이 옳고 상대가 틀렸다면 양보가 쉽지 않습니다. 사실 자신이 옳고 상대가 틀린 게 확실하다면 양보할 필요가 없습니다. 자신의 판단이 선이고 상대의 판단이 악이라면 양보하지 말아야 합니다. 자신의 행동이 하느님의 뜻에 맞고 상대의 행동이 하느님의 뜻에 어긋난다면 절대로 양보해서는 안 되는 것입니다.

문제는 자신의 생각과 행동이 옳다고 생각하는 것은 어디까지나 자신의 판단이고 자신의 생각일 뿐이지 하느님이 그렇게 인정해 주신 적이 없다는 것입니다. 자신이 옳다고 여기는 것을 하느님도 옳다고 동의해 주실까요? 아닐 수도 있습니다. 자신이 아무리 옳고 좋은 것이라고 생각해도 하느님이 보시기에는 틀리고 나쁜 것일 수도 있습니다. 자신과 정반대의 생각을 하는 상대의 행동이 하느님이 보시기에는 오히려 자신의 행동보다 더 옳을 수도 있는 것입니다.

그래서 우리는 언제나 자신의 생각을 버릴 준비가 되어 있어야 합니다. 자신의 생각이 틀릴 가능성이 있기 때문에 자신의 생각을 버리고 상대의 생각을 따를 준비가 되어 있어야 하는 것입니다. 이것이 바로 양보할 수 있는 근거이자 양보해야 하는 이유입니다.

성부, 성자, 성령 세 위격의 하느님이 사랑으로 한 분의 하느님이 되신 것처럼, 부부가 서로 사랑함으로써 한 몸이 되는 것처럼, 사랑하는 사람이 서로 양보함으로써 일치하는 것처럼, 우리도 서로 사랑하면 일치할 수 있습니다. 우리도 양보하는 사랑을 통하여 이웃과 일치하고 하느님과 하나가 됨으로써 삼위일체이신 하느님의 사랑 안에서 늘 행복한 삶을 살 수 있습니다.

영혼을 살찌우는 음식, 성체

우리가 살아가는 데에는 의·식·주 세 가지가 꼭 필요합니다. 다 필요하지만 그중에서도 먹는 것이 가장 우선적이라고 생각합니다. 옷이나 집이 없어도 그럭저럭 살 수 있지만, 음식이 없이는 삶을 유지할 수 없는 만큼 음식은 꼭 있어야 합니다. 음식을 먹어야 갖가지 영양분을 섭취해 건강한 몸을 유지할 수 있습니다.

그런데 이 음식이 몸을 건강하게 할 수는 있으나 마음을 건강하게 하지는 못합니다. 음식을 잘 먹는다고 지식이 생기는 것도 아니고, 교양이나 덕이 쌓이는 것도 아닙니다. 음식은 어디까지나 몸을 튼튼하게 해 줄 뿐입니다.

그런데 여기 마음을 살찌우는 음식이 있습니다. 아니 영혼과 영적 세계를 살찌우고 풍요롭게 하는 양식이 있습니다. 육신만 살찌우는 보통 음식과 달리 영혼을 살찌우고 영원한 구원으로 인도하는 음식이 있습니다. 그것은 산삼이나 녹용도 아니고 보신탕도 아닙니다. 물고기도 아니고 소고기도 아닙니다. 그것은 바로 '예수님 고기'입니다. 예수님의 살로 만든 '예수님 고기', 즉 예수님 몸인 성체입니다.

우리는 육체만을 살리는 물질적 양식이 아니라 영혼을 살리는 양식인 성체의 소중함을 더 깊이 묵상해야 합니다. 그런데 소중한 성체를 아주 가까이에서 너무 쉽게 만날 수 있어서인지, 성체의 소중함을 느끼지 못하는 신자들이 많습니다.

가까이에 있고 자주 보면 소중함을 모르는 게 인생인 것 같습니다. 저는 어머니가 살아 계셔서 자주 뵐 수 있을 때는 몰랐는데 이제 돌아가시고 안 계시니까 어머니의 소중함이 뼛속까지 절실하게 느껴집니다. 매 순간 호흡하는 공기의 소중함을 모르고 살 듯이 어떤 신자들은 성체성사의 소중함을 깨닫지 못하고, 엎어지면 코 닿을 만큼 가까운 성당 안에 계신 예수님의 소중함을 모르는 것 같습니다.

옛날 우리 선조들은 몇 시간 동안, 아니 하루 종일을 걸어가서 미사에 참례하고 성체를 모셨습니다. 일 년에 단 두 번 판공성사 때만 성체를 모실 수 있던 신자들은 성체를 모시는 기쁨에 며칠 전부터 설레어 밤잠을 설치고 성체를 모시는 당일에는 아침부터 밥도 안 먹고 영성체를 기다렸다고 합니다.

신자가 줄어 본당에서 공소로 격하된 옛 성당 옆에 사는 안드레아 씨는 너무 속상해서 눈물을 흘립니다. 이제는 본당 신부님이 한 달에 한 번만 공소에 와서 미사를 드리니 영성체도 한 달에 한 번밖에 할 수 없게 되어 너무 슬프다는 것입니다. 예전에는 걸어서 5분만 가면 매일 미사를 참례하고 성체를 모실 수 있었는데, 이제는 성체를 모시고 싶어도 그럴 수 없다며 한탄합니다. 성체가 가까이 계실 때 자주 모시지 않은 것이 너무 후회스럽기만 합니다.

성체는 우리 영혼의 양식입니다. 예수님은 "나는 하늘에서 내려온 살아 있는 빵이다. 누구든지 이 빵을 먹으면 영원히 살 것이다."(요한 6,51) 하고 말씀하셨습니다. 예수님이 주시는 빵 즉, 예수님 몸인 성체를 먹으면 영혼에 영양을 공급해 영원히 살게 된다고 오늘 복음에서 분명히 말씀하셨습니다. 그리고 예수님은 또 말씀하십니다.

"내 살을 먹고 내 피를 마시는 사람은 내 안에 머무르고, 나도 그 사람 안에 머무른다."(요한 6,56)

맞습니다. 예수님의 살을 먹는 사람은 예수님의 힘으로 삽니다. 뽀빠이가 시금치를 먹으면 엄청난 힘이 생기듯이, 영화 〈취권〉의 주인공이 술을 먹으면 탁월한 무술 실력이 나오듯이 실제로 성체를 모심으로써 놀라운 힘을 발휘하는 이들이 꽤 있습니다.

원수에게 앙갚음 대신 사랑으로 갚는 사람, 자신도 아프면서 더 아픈 사람을 위해 봉사하는 사람, 찢어지게 가난하면서도 행복한 사람, 그 밖에도 성체의 힘으로 기적 같은 은총의 삶을 살아가는 신자들이 있습니다. 영혼에 좋은 음식인 성체를 매일, 자주 모시는 신자는 참으로 행복한 사람입니다.

내 마음의 밭은 좋은 밭인가?

한 여인이 어느 상점에 들어갔는데 놀랍게도 계산대에 하느님이 서 계셨습니다. 여인은 깜짝 놀라 여쭈었습니다. "어머, 하느님 여기서 뭘 하고 계세요?" 하느님은 "네가 원하는 것은 무엇이든지 다 팔려고 기다리고 있었단다."라고 대답하셨습니다. 여인은 자신의 귀를 의심했지만 이왕이면 자기가 원하는 최고의 것을 사야겠다고 마음먹고 "저는 평화와 사랑, 행복과 지혜, 자유를 사고 싶습니다."라고 말씀드렸습니다. 그러자 하느님은 자애로운 미소를 지으면서 말씀하셨습니다. "그런데 이걸 어쩌나! 나는 평화, 사랑, 행복과 같은 열매는 팔지 않고 씨앗만 팔고 있단다. 그러니 네가 이 씨앗을 사 가지고 가서 잘 가꾸면 평화, 사랑, 행복과 같은 열매를 맺을 수 있단다." 깨어 보니 꿈이었습니다.

그렇습니다! 우리는 하느님에게 많은 것을 청합니다. 때로는 우리의 노력 없이 결과만을 청할 때도 있습니다. 그렇지만 하느님은 우리의 청원을 완성된 결과로 주시는 것이 아니라 씨앗의 형태로 우리 마음에 뿌려 주십니다. 물고기를 청하면 물고기를 주시는 것이 아니라 물고기를 잡는 그물을 주시고 평화를 청하면 평화를 주시는 것이 아니라 평화의 씨앗을 주십니다. 그러면 우리는 그 씨앗을 우리 마음의 밭에 심어 싹을 틔우고 꽃을 피우고 열매를 맺게 하는 것이 우리의 몫입니다.

씨 뿌리는 사람의 비유(마태 13,1-9 참조)에서 농부가 밭에 씨를 뿌렸는데 어떤 씨는 길바닥에 떨어지고, 어떤 씨는 돌밭에 떨어지고, 어떤 씨는 가시덤불 속에 떨어져 열매를 맺지 못했지만, 어떤 씨는 좋은 땅에 떨어져서 30배, 60배, 100배의 열매를 맺었다고 쓰여 있습니다.

이 이야기는 사람의 마음에 하느님 말씀의 씨가 뿌려질 때 마음의 밭이 길바닥이나 돌밭이나 가시덤불 같은 사람은 아무런 열매를 맺지 못하지만, 마음의 밭이 좋은 땅과 같은 사람은 많은 열매를 맺는다는 것을 가르쳐 주십니다.

하느님은 여러 가지 방법으로 우리 마음의 밭에 씨를 뿌리십니다. 천둥 번개와 벼락을 통해서 죄인들에게 회개의 씨앗을 뿌리시고, 고통받는 이웃을 통해서 사랑의 씨앗을 뿌려 주시기도 합니다.

또한 성사와 기도를 통해서, 그리고 성경 말씀을 통해서 하느님은 당신의 씨앗을 우리에게 뿌리십니다. 우리가 세례성사, 고해성사, 성체성사 등 각종 성사를 받을 때 하느님은 당신의 씨앗을 우리 마음에 뿌리셨습니다. 그리고 우리가 기도할 때, 성경을 읽을 때 하느님은 분명히 씨앗을 우리 마음에 뿌리셨습니다. 그동안 수도 없이 여러 번 하느님 말씀의 씨앗이 우리 마음의 밭에 뿌려졌습니다. 우리 마음의 밭이 좋은 밭이었더라면 지금쯤 우리 마음의 밭에는 좋은 열매가 아주 많이 열려 있어야 합니다. 우리 마음의 밭이 좋은 밭이라면 성령의 아홉 가지 열매인 "사랑, 기쁨, 평화, 인내, 호의, 선의, 성실, 온유, 절제"(갈라 5,22-23)를 풍성하게 맺었을 것입니다.

하느님은 사제들의 강론을 통해서도 우리 마음의 밭에 씨를 뿌리십니다. 훈화나 강의 때, 특히 미사 강론 중에 하느님은 우리에게 씨앗을 뿌리십니다. 그런데 똑같은 강론을 들어도 신자들의 반응은 천차만별입니다. 같은 시간에 같은 강론을 들어도 어떤 신자들은 마음에 깊은 감동을 느끼고 생활에서 많은 열매를 맺지만 어떤 신자들은 강론을 들으나 마나 '소 귀에 경 읽기'입니다. '신부님은 뭐라고 강론을 하든 나는 내 방식대로 살겠다'는 것입니다.

하느님이 사제를 통해 아무리 좋은 씨앗을 뿌려도 이런 신자들은 아무런 열매를 맺지 못합니다. 똑같이 피정을 받고, 똑같이 강의를 듣고, 똑같이 기도를 하고, 똑같이 훈화를 들어도 열매를 맺는 것은 똑같지 않습니다. 어떤 신자는 아무런 열매도 맺지 못하고 어떤 신자는 30배, 60배, 100배의 열매를 맺습니다.

지금 내 마음의 밭은 어떤 밭입니까? 길바닥이나 돌밭, 혹은 가시덤불에 덮인 밭입니까, 아니면 좋은 밭입니까? 하느님은 내 마음의 밭에 평화의 씨앗을 뿌리셨는데 내가 평화롭지 못하다면 그것은 분명 내 마음의 밭이 길바닥이나 돌밭이기 때문일 것입니다. 하느님은 우리 마음의 밭에 사랑의 씨앗을 뿌리셨는데 우리가 사랑하지 못한다면 분명 우리 마음의 밭은 가시덤불에 덮여 있기 때문일 것입니다. 오늘 저의 글을 읽는 사람들에게도 뿌려질 하느님 말씀의 씨앗이 많은 열매를 맺길 바랍니다.

저것들을 당장 뽑아 버릴까요?

며칠 전 천둥 번개가 칠 때 시몬이 말했습니다. "죄 지은 게 많은데, 고해성사도 안 보았는데 벼락을 맞으면 어쩌지? 그동안 잘못한 것을 벼락으로 벌 받지는 않을까?" 사람들은 벼락 치는 소리를 듣고 자신이 지은 죄를 떠올리면서 벌을 받을까 두려워하면서도 용서받기를 바랍니다.

어떤 사람들은 자신이 지은 죄는 용서받기를 바라지만 흉악범들의 이야기를 들을 때면 그 못된 놈들이 벌 받기를 원합니다. 끔찍한 살인 사건 등 흉측한 죄를 저지르는 죄인들에 대해 "귀신은 저런 놈을 안 잡아가고 뭐 하는 거야? 하느님은 왜 저런 쓰레기 같은 인간을 가만 놔두시는 거야? 당장 벼락을 내리실 일이지."라고 열을 올리며, 파렴치범들이 처벌받지 않고 버젓이 살아 있다는 것을 몹시 못마땅하게 여깁니다. 주일 학교 어린이들도 "그런 나쁜 놈들은 당장 벌을 받아야 해요."라고 대답합니다. 정말로 죄인들은 즉각 처벌을 받아야 할까요?

가라지의 비유(마태 13,24-30 참조)가 바로 이 문제에 대한 예수님의 답변입니다. 밀밭에 난 잡초 가라지를 뽑으려 하니까 주인이 뽑지 말고 추수 때까지 그냥 내버려 두라고 합니다. 그 이유는 잡초를 뽑다가 밀까지 뽑을까 봐 그런다는 것이지만 또 다른 이유는 '하느님은 죄인을 즉각 처벌하지 않으시고 회개하기를 기다리신다'는 것을 가르치기 위함일 것입니다. 벼락 치는 소리가 들릴 때 벌을 받을까 봐 겁을 먹고 불안해하는 사람들에게 저는 이렇게 말합니다. "흉악한 살인범도 당장 벌하지 않는 자비로운 하느님이신데 고해성사 안 보았다고, 주일 미사 몇 번 빠졌다고, 남을 몇 번 미워하고 상처 주었다고 벼락을 내리지는 않으실 테니까 너무 걱정하지 마십시오."

그러므로 하느님이 그 큰 죄인을 당장 벌하지 않으시는 것은 못마땅하지만 자신이 죄를 지었을 때 처벌하지 않으시는 것은 천 번 만 번 다행스런 일입니다. 만일 하느님이 사람이 죄를 지을 때마다 즉각 벌하고 벼락을 내리신다면 그 흉악범들은 당연히 벌써 벼락 맞아 죽었겠지만 우리도 무사하지는 못했을 것입니다. 인간이 죄를 지을 때마다 바로 벌을 내렸다면 우리 중에 일부는 아마도 진작에 벌을 받고 죽어서 지금 이 자리에 없을지도 모릅니다.

하느님이 짐승만도 못한 죄인들에게 벼락을 내리지 않고 살려 두는 것은 그들에게 회개할 기회를 주시기 위함일 것입니다. 만일 회개하지 않은 상태에서 벼락을 내려 처벌한다면 그 영혼들의 구원이 보장되지 않기에 그들을 구원하기 위해 참회할 기회를 주려고 기다려 주시는 것입니다. 잡초인 가라지는 기다린다고 해서 밀로 변할 수는 없지만, 잡초 같은 죄인은 기다려 주면 회개를 통해서 밀 같은 의인으로 변할 수 있기 때문입니다.

하느님은 죄인인 우리를 벌하지 않고 지금까지 기다려 주셨습니다. 그렇다면 하느님이 앞으로는 얼마나 더 기다려 주실까요? 그동안 수십 번, 수백 번을 수십 년간 기다려 주셨으니 앞으로도 더 기다려 주실 것입니다. 틀림없이 기다려 주실 것입니다. 그러나 아닐 수도 있습니다. 언제까지, 더 기다려 주실지는 아무도 장담할 수 없습니다. 아니, 하느님은 기다려 주셔도 사람이 그 기회를 놓칠 수도 있습니다.

하느님과 나와의 관계가 그러했으니, 이제 나와 이웃과의 관계도 그래야 합니다. 하느님이 나의 죄를 즉각 처벌하지 않고 참고 기다려 주셨으니 나도 이웃의 잘못을 참고 기다려 주어야 합니다. 제가 사목하는 횡성 본당에는 당장 뽑아 버리고 싶은 사람, 바로 때려치우고 싶은 일들이 있습니다. 그러나 힘들지만 참고 기다려 주고 있습니다. 우리네 인생에는 당장 뽑아 버리고 싶은 사람, 즉각 때려치우고 싶은 일들이 많습니다. 때로는 아내도 남편도 부모도 자식도 형제도 이웃도 모든 관계를 끊어 버리고 던져 버리고 싶을 때가 있습니다.

이럴 때 가라지의 비유를 묵상합시다. 쓸모없는 잡초 가라지를 뽑아 버리지 않고 기다리는 농부처럼, 악질적인 죄인을 당장 벌하지 않고 회개하여 돌아오기를 기다려 주시는 하느님처럼 우리도 보기 싫은 사람들을, 마음에 들지 않는 일들을 참고 기다려야 합니다. 그러면 언젠가는 그들이 회개하고 변화하여 좋은 밀 이삭이 되어 돌아올 것입니다.

저의 그 많은 잘못을 벌하지 않고 기다려 주신 주님 감사합니다. 저도 이웃의 잘못을 참고 기다려 줄 수 있는 넓은 마음을 주소서. 아멘.

진짜 보물이 여기 있습니다

프랑스의 유명한 소설가 모파상의 작품인 《목걸이》의 주인공 마틸드는 호화로운 생활을 꿈꾸며 사는 여자였습니다. 어느 날 그녀는 남편과 함께 장관이 주최하는 파티에 초대되었습니다. 친구인 폴레스티에 부인에게 다이아몬드 목걸이를 빌려 치장하고 파티에 참석한 마틸드는 누구보다 아름다웠습니다. 그러나 파티 중에 빌린 목걸이를 잃어버립니다. 어쩔 수 없이 전 재산을 처분하고 모자라는 돈은 빚을 얻어 빌렸던 목걸이와 똑같은 것을 사서 폴레스티에 부인에게 돌려주었습니다.

그리고 나서 마틸드 부부는 빚을 갚기 위해 10년이나 고생하게 됩니다. 마틸드가 궂은일을 하면서 고생하는 동안 그 아름답던 얼굴은 비참해지고 머리카락은 반백이 되었습니다. 마침내 빚을 다 갚았을 무렵 우연히 만난 폴레스티에 부인에게 다소 자랑스레 그간의 일을 고백합니다. 그런데 이야기를 다 들은 폴레스티에 부인은 이렇게 말합니다. "내게 돌려준 목걸이 값을 갚느라 10년이나 고생을 했단 말이에요? 이를 어쩌나! 그 목걸이는 가짜였어요." 싸구려 가짜를 얻기 위해 그토록 많은 세월을 바쳤던 것입니다.

예수님은 하늘나라가 어떤 곳인지 가르쳐 주시기 위해 갖은 노력을 다하십니다. 눈에 보이지 않고 귀에 들리지 않고 감각으로는 느낄 수 없는 하느님 나라를 설명하기 위해 온갖 비유를 다 만들어 내십니다. 하늘나라를 겨자씨, 누룩 등 주위에서 흔히 볼 수 있는 소재로 비유하시다가 마침내 '보물', '진주'의 비유로 설명하십니다. "하늘나라는 좋은 진주를 찾는 상인과 같다. 그는 값진 진주를 하나 발견하자, 가서 가진 것을 모두 처분하여 그것을 샀다."(마태 13,45-46)

인생이란 좋은 진주를 찾아다니는 것에 비유할 수 있습니다. 보물찾기를 한평생 계속해 나가는 것이 인생인 것 같습니다. 어디에 좋은 물건이 있다고 하면 가진 것을 다 털어 그것을 사기도 하고, 어디에 용한 의사가 있어서 병을 잘 고쳐 준다고 하면 엄청난 돈과 희생을 바쳐서라도 그 의사의 치료를 받으려 합니다. 또 어느 나라에 가면 갑부가 된다고 하면, 가진 것을 다 팔아 해외로 이민을 가기도 합니다. 몇 년 전에는 전라남도 진도와 죽도 앞바다, 울릉도 앞바다 속에 보물선이 묻혀 있다는 소문이 돌자 많은 사람들이 그것을 찾아내려고 혈안이 되기도 했고, 이와 관련된 주식 투자에 투자자들이 몰리기도 했습니다.

아무튼 사람들은 자신이 원하는 보물인 재물, 권력, 명예, 쾌락 등 부귀영화를 찾기 위하여 모든 것을 투자하며 살고 있습니다. 그러나 이러한 지상의 보물들이 이 세상에서는 일시적인 기쁨과 행복을 주겠지만 결국은 날아가듯 덧없이 사라지는 거라고 성경에 분명히 쓰여 있습니다(시편 90,10 참조). 맞습니다. 세상의 보물은 참된 보물이 아닙니다. 세상 사람들이 찾아다니는 보물은 대부분 모파상의 소설에 나온 것처럼 가짜 보물입니다. 그런데 가짜가 더 진짜처럼 보여서 진짜보다 더 화려하고, 하룻밤의 무도회에서는 샹들리에 불빛 아래서 눈부시게 반짝입니다. 가짜 목걸이에 몰려드는 인기와 갈채야말로 사람들을 황홀하게 만들지만 오래가지 못합니다.

'믿는 도끼에 발등 찍힌다'고 했지요. 세상의 보물이 행복을 가져다줄 거라고 믿었다가 발등 찍힌 사람들이 한둘이 아닙니다. 참된 행복과 영원한 구원을 가져다줄 진짜 보물, 발등 찍히지 않고 믿을 만한 참된 보물은 하느님 말씀뿐입니다. 하느님 나라야말로 우리가 갖고 있는 것을 모두 팔아 사야만 하는 참된 보물입니다. 그래서 바오로 사도는 이 진리를 깨닫고 이 땅의 모든 보물들을 '쓰레기'라고까지 표현했던 것입니다.

사랑하는 여자 때문에 사제가 될 것인지 말 것인지 고민하던 신학생이 있었습니다. 오랜 고민과 방황 끝에 이런 결론을 내렸습니다. "가장 좋은 것을 얻기 위해서는 가장 좋은 또 다른 것을 버려야 한다. 그러니 여자를 버리고 사제의 길을 선택하자." 결국 그 신학생은 신부님이 되어 지금까지 다른 어떤 신부님보다 더 잘 살고 있습니다.

우리는 신앙이라는 좋은 보물을, 하느님 나라라는 값진 진주를 발견했습니다. 이 좋은 보물과 진주를 얻기 위해서 재물, 명예, 세속적 성공 등의 가짜 보물들을 아낌없이 버려야 합니다. 그것들을 팔아서 하느님 나라라는 진짜 보물을 사야 합니다.

주님과 함께라면

　초등학교 3학년인 윤아는 엄마 없이 혼자 잠을 잘 수 없어서 그동안 여름 신앙 학교에 가지 못했지만, 올해는 2박 3일의 여름 신앙 학교를 거뜬히 다녀왔습니다. 첫영성체 후 잠잘 때 예수님이 지켜 주신다고 믿게 되어, 엄마 없이도 잘 수 있었습니다. 올해 첫영성체를 한 다른 어린이들도 놀라운 변화를 고백합니다. "밤에 캄캄할 때 혼자 화장실 가면서 예수님이 옆에 계시다고 생각하니 무섭지 않아요.", "맛있는 과자를 친구랑 나누어 먹어도 아깝지 않아요.", "마음에 안 드는 친구를 미워하거나 때리지 않았어요."

사실 이런 것들은 열 살 남짓의 저학년 어린이들이 실천하기 어려운 일들입니다. 그런데 예수님과 함께하는 신앙의 힘으로 그 어려운 일들을 해냈습니다. 예수님과 함께라면 못할 것이 없습니다. 예수님에게 의지하는 사람은 초인적인 힘을 발휘할 수 있습니다.

마태오 복음 14장에 예수님과 함께한 사람들의 위대한 능력에 대한 이야기가 나옵니다(마태 14,22-33 참조). 예수님이 갈릴래아 호수에서 고기를 잡는 제자들 앞에 나타나셨습니다. 예수님을 먼저 본 제자가 "예수님이다."라고 소리치자 베드로가 예수님 앞으로 나아갑니다. 땅이 아닌 물 위로 걸어간 것입니다.

베드로는 자신이 예수님에게 가려면 물 위를 걸어가야 한다는 것도 생각하지 못하고 마치 길 위를 걷는 것처럼 물 위를 걸어갑니다. 그런데 몇 발짝을 걸어가다가 자신이 지금 물 위를 걷고 있음을 발견하고는 깜짝 놀랍니다. 너무 신기해서 발밑을 보니 시퍼렇다 못해 거무스름한 깊은 물이 눈앞에 펼쳐져 있고 집채 같은 파도가 금방이라도 자신을 삼켜 버릴 것 같아 갑자기 무서워집니다. 하지만 무섭다는 생각이 드는 순간 물속에 빠져 버립니다.

베드로가 깊고 위험한 물이란 것을 생각하지 않고 예수님만을 바라보고 예수님에게 나아갔을 때는 물 위를 걸을 수 있었습니다. 그러나 예수님을 잊어버리고 시퍼런 물과 무서운 파도를 보자 물 위를 걷던 능력이 사라지고 나약한 인간 본연의 모습으로 돌아가 물에 빠지고 만 것입니다. 정상적인 인간이 물 위를 걸을 수는 없습니다. 그러나 베드로는 물 위를 걸었습니다. 초능력을 발휘한 것입니다. 시커먼 파도를 보지 않고 예수님만을 바라보고 앞으로 나아갔기 때문입니다.

인간이 예수님만을 보고 앞으로 나아갈 때 초능력을 발휘하거나 기적을 이룰 수 있습니다. 불행할 수밖에 없는 최악의 상황에서도 하느님에게 감사하며 행복하게 사는 신자가 있어 소개합니다. 가뜩이나 가난했던 루카 씨는 교통사고로 하반신이 마비되었지만, 뺑소니 운전자에게 보상금도 받지 못해 빚더미에 앉게 되었습니다. 그런데도 그는 원망하지도 절망하지도 않고 오히려 하느님의 사랑을 느꼈다며 행복해합니다. "아직 성경과 기도서를 읽을 수 있는 눈이 있고, 사랑하는 가족들의 목소리와 주일 미사 중에 신부님의 강론을 들을 수 있는 귀가 멀쩡하고, 기도하고 말할 수 있는 입이 있고, 일할 수 있는 손이 있어 감사합니다. 그리고 감사할 수 있기에 행복합니다."라고 말하는 것입니다. 또한 루카 씨의 가정은 온 가족이 서로 사랑하며 기도하는 행복한 성가정입니다. 보통 인간의 힘으로는 행복할 수 없지만 주님과 함께하는 생활이기에 행복할 수 있는 것입니다. 이것이 바로 예수님과 함께 사는 신앙인의 힘이고 초인적인 능력이며 이것이 바로 기적입니다.

베드로 사도가 예수님만을 바라보고 나아갔을 때는 물 위를 걸을 수 있었지만 예수님을 잊어버리고 발밑의 시퍼런 물과 위험한 파도를 보았을 때 즉시 물에 빠져 허우적거렸습니다. 우리의 인생에도 어찌 시퍼런 물과 위험한 파도가 없겠습니까? 그러나 동시에 그 건너에는 예수님도 계시다는 것을 잊지 마십시오. 예수님을 보지 않고 인생의 고통과 파도만 볼 때 고통에 빠지겠지만, 예수님만을 바라보고 예수님을 향해 나아갈 때 우리는 인생의 파도에 쓰러지지 않고 그 파도 위를 유유히 행복하게 걸어갈 수 있습니다.

첫영성체를 한 어린이가 예수님과 함께하는 삶이 되어 더 이상 밤이 무섭지 않았듯이, 베드로 사도가 예수님만 바라보고 나아갈 때 깊은 물과 파도에 빠지지 않았듯이, 우리도 주님과 함께 살면 세상의 어떤 고통스런 파도가 오더라도 그것을 넘어 행복한 삶을 살아갈 수 있습니다. 세상의 파도를 보지 말고 주님만 바라보며 인생을 행복하게 살아갑시다.

거절을 통한 가르침

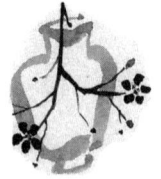

 마태오 복음 15장에 나오는 예수님은 이해할 수 없을 만큼 쌀쌀맞습니다. 딸의 병을 고쳐 달라고 애원하는 여인에게 망신을 줍니다. '동냥은 못 줄망정 쪽박이나 깨지 말아야' 할텐데, "자녀들의 빵을 집어 강아지들에게 던져 주는 것은 좋지 않다."(마태 15,26)라고 말씀하심으로써 그 여인을 개(犬) 취급합니다.

 여인이 욕심을 부린 것도 아니고 과분한 부귀영화를 달라고 한 것도 아닙니다. 사랑하는 딸의 병을 고쳐 달라고 지극히 인간적인 간청을 했을 뿐입니다. 어머니라면 당연히 원하고 바라는 지극히 소박한 청입니다. 그런데 그런 청을 들어주기는 고사하고 망신을 주시니 도무지 예수님답지 않습니다.

인도의 현자 라마나 마하리쉬에게 "예수님은 어떤 분이십니까?" 하고 묻자 "모든 사람을 각자의 수준에 맞게 가르치시는 분이다."라고 대답했다고 합니다. 예수님이 그 여인의 청을 거절하고 망신을 준 것은 그 여인의 수준에 맞게 가르치기 위해 쓰신 방법인 것 같습니다. 딸의 병을 고쳐 달라는 절박한 간청을 거절당한 여인은 기분이 나쁘고 자존심도 상해서 욕이라도 한 바가지 퍼붓고 그 자리를 떠나 버릴 수도 있었습니다.

그러나 그 여인은 자존심이 밑바닥까지 손상당하면서도 자식의 병을 고쳐야겠다는 일념과, 이분이 아니면 해결할 수 없다는 굳은 믿음으로 다시 한 번 무릎을 꿇고 애원합니다. "주님, 개 취급을 해도 좋으니 제 자식의 병만 고쳐 주십시오."라며 겸손한 마음으로 애걸합니다.

드디어 '거절'이라는 예수님의 교육 방법이 성공하여 결실을 맺습니다. "여인아! 네 믿음이 참으로 크구나. 네가 바라는 대로 될 것이다."(마태 15,28) 그리하여 그 여인은 더 굳은 믿음을 갖게 되었고 딸의 병은 말끔히 낫게 되었습니다. 예수님은 병든 딸을 치유해 주실 뿐만 아니라 그 여인의 믿음까지 굳게 해 주시기 위하여 모질다시피 한 '거절'이란 방법을 사용하신 것입니다.

예수님은 거절이라는 방법을 통해서 그 여인에게 '장한 믿음'을 심어 주셨습니다. 예수님이 우리의 믿음을 키워 주실 때도 거절의 방법을 쓰실 수 있습니다. 그분은 우리 각자의 수준에 맞게, 우리 자신의 신앙심이나 상황에 맞게 우리를 가르치십니다. 예수님이 우리에게 '거절'이란 방법을 쓰실 때 우리는 거절당한 그 여인처럼 포기하지 말고 겸손하게 주님에게 매달려야 할 것입니다.

사람은 누구나 거절당하고 반대 받을 때 기분이 나쁩니다. 마음에 상처를 입고 자존심도 상합니다. 그러나 동시에 거절당하고 반대 받을 때 그 마음은 다듬어지고 단련되어 고귀한 인격으로 거듭나게 됩니다. 또한 교만을 부수고 겸손을 배우게 됩니다. 따라서 거절당하고 반대 받을 때 자신의 행동을 반성함으로써 더 나은 길로 나아갈 수 있습니다.

어린이를 교육시킬 때도 옳지 않은 것은 반대하고 거절해야 합니다. 아이가 예쁘다고 해서 달라는 대로 다 주고 아이의 행동을 반대하지 않고 다 찬성한다면 그 아이는 무엇이 옳고 그른지를 배울 수 없기 때문에 올바른 인격을 지닌 사람으로 자랄 수 없습니다.

신부인 저도 거절당하고 반대 받는 일이 있습니다. 물론 그때마다 기분은 상합니다. 그런데 만일 제가 한 번도 거절당하지 않고 반대 받지 않는다면 아마도 저는 무척 교만해졌을 것입니다. 그러다가 제가 마치 하느님이라도 된 듯 제가 하는 일은 모두 옳다고 착각하여 본당 사목을 그르칠 것이 틀림없습니다. 그러나 저의 일이 거절당하고 반대 받기 때문에 저의 생각과 계획을 다시 한 번 더 생각해 보게 되고, 필요하면 수정하고 보완해서 더 좋은 사목을 하게 되는 것입니다.

또한 삶에서 거절당하고 반대 받는 경험을 하던 중에 허락받는 것이 생기면, 그 허락받은 것을 고마워하고 소중히 여기게 됩니다. 만일 거절당하고 반대 받는 경험 없이 모든 것이 다 인정되고 허락되고 이루어진다면, 이루어진 것에 대해 고마워하지도 않을 것이고 행복을 느끼지도 못할 것입니다.

절박한 상황에서 청을 거절당한 여인이 포기하지 않고 끝까지 믿음을 갖고 주님에게 나아간 덕분에 큰 결실을 맺은 것처럼, 우리도 거절당하고 반대 받을 때 포기하지 않고 겸손하게 주님의 뜻을 실천해 나아간다면 더 큰 은총을 얻을 수 있을 것입니다.

자신의 뜻을 버리고 하느님의 뜻을 따라야

성모님상 앞에 있는 봉헌함의 돈이 자꾸 없어지자 신부님이 도둑을 잡으려고 아기 예수님상 뒤에 숨어서 지켜보았습니다. 해 질 녘이 되자 거지가 한 명 들어와 성모님상 앞에 무릎을 꿇고 이렇게 기도했습니다.

"성모님, 오늘도 한 푼도 벌지 못했습니다. 하오니 아무 말씀이 없으시면 허락하시는 걸로 알고 돈을 가져가겠습니다."
그는 인자한 표정으로 말없이 서 계신 성모님에게 꾸벅 감사의 인사를 드린 후 봉헌함에 손을 들이밀었습니다.

다급해진 신부님이 소리쳤습니다. "안 돼!" 놀란 도둑 거지가 고개를 홱 돌리자 아기 예수님상이 눈에 띄었습니다. 그러자 그는 기고만장해서 이렇게 대꾸했습니다.

"너희 엄마가 가져가라고 하시잖아!"

이 불경스러운 우스갯소리에서 도둑 거지의 순수한 믿음은 기특(?)하지만 '성모님이 가져가라고 하셨다'는 것은 억지 중에 억지입니다. 눈앞의 상황을 제멋대로 자신에게 유리하게 해석하고 적용한 것입니다.

이처럼 자신의 뜻을 마치 하느님의 뜻인 것처럼, 자신의 뜻을 이루어 가면서 마치 하느님 뜻을 실행하는 것처럼, 자신을 위하면서 마치 하느님을 위하는 것처럼 행동하는 신자들이 있습니다.

마태오 복음 16장에 등장하는 베드로 사도가 그러했습니다. 예수님이 당신은 많은 고초를 겪은 후 십자가에서 죽게 될 거라고 하시니까 베드로가 펄쩍 뛰며 반대합니다(마태 16,21-23 참조). 하느님의 깊은 뜻을 이해하지 못하고 인간의 눈으로만 보았기에 예수님의 십자가형을 반대한 것입니다.

하느님 뜻과 인간의 생각은 이렇게 다릅니다. 예수님은 그런 베드로에게 사탄이라고 심하게 꾸짖으시고 "누구든지 내 뒤를 따라오려면, 자신을 버리고 제 십자가를 지고 나를 따라야 한다."(마태 16,24)라고 말씀하십니다. 하느님의 뜻을 따르려면 자신의 뜻을 버려야 하고, 자신을 죽여야 한다는 뜻입니다.

그런데 어떤 신자들은 하느님의 뜻을 따른다고 하면서 자신도 모르게 자신의 뜻을 따르고 있습니다. 그들은 하느님의 뜻을 내세워 자신의 일을 정당화하지만, 많은 경우 그들이 내세우는 '하느님의 뜻'은 사실 알고 보면 '자신의 뜻'입니다. 그들은 자신을 하느님의 뜻에 맞추려 하지 않고 하느님을 자신의 관점에 맞추려 합니다.

몸이 좀 아프고 피곤하면 "하느님도 이해하시겠지." 하며 주일 미사에 빠지고, "남들도 다 그러니까 하느님의 뜻에 크게 어긋날 게 없다."라며 옳지 않은 것을 고집합니다. 도움을 청하는 사람들에게는 "때가 되면 주님이 다 도와주실 거야." 하며 꽁무니를 뺍니다. 바로 복음에 나오는 베드로처럼 자신의 생각을 주장하면서 하느님의 뜻을 거스르는 것입니다.

정신 병원을 뛰쳐나온 한 환자가 큰 고목에 올라가 자살 소동을 벌였습니다. 출동한 경찰이 만일을 대비해 나무 주변에 매트리스를 깔고 환자를 설득했지만, 환자는 곧 떨어져 죽겠다고 으름장을 놓았습니다.

가족과 경찰은 할 수 없이 종교의 힘을 빌려 보기로 하고 스님과 목사님을 모셨습니다. 스님이 목탁을 두드리며 염불을 외우고 목사님이 무릎을 꿇고 하늘을 향해 간절히 기도했지만 헛수고였습니다.

마지막으로 오신 신부님이 나무 가까이 다가가 말없이 환자를 바라보고 십자 성호를 그으며 축복을 청했습니다. 그런데 이게 웬일입니까? 그렇게 발작하던 환자가 나무에서 조용히 내려오는 것이었습니다. 환자가 신부님의 십자성호 긋는 모습을 잘못 해석한 것입니다.

사제가 십자성호를 긋기 위해 손을 위에서 아래로(↓) 내리고, 왼쪽에서 오른쪽으로(→) 긋는 모습을 보고, "너, 나무 위에서 (아래로) 안 내려오면 이 나무를 (옆으로) 잘라 버린다."라는 말로 알아듣고 잽싸게 내려온 것입니다.

잘못 알아듣고 행한 것이지만 결과적으로는 하느님의 뜻을 따르게 됐습니다. 삶이 고통스럽다며 고통을 피해 죽으려는 자신의 뜻을 버리고, 소중한 생명을 지켜야 한다는 하느님의 뜻을 실천하게 된 것입니다. 그러나 잘못 알아듣고 하느님의 뜻을 따르게 되는 경우를 현실에서 찾아보기는 힘듭니다. 하느님의 뜻을 깨닫기 위해서는 끊임없이 기도하고 묵상해야 할 것입니다.

바오로 사도도 "무엇이 하느님의 뜻인지, 무엇이 선하고 무엇이 하느님 마음에 들며 무엇이 완전한 것인지 분별할 수 있게 하십시오."(로마 12,2)라고 말했습니다. 우리의 행동이 정말로 하느님의 뜻에 맞는지, 아니면 하느님의 뜻이라고 착각하여 자신의 생각을 실행하고 있는 것은 아닌지 돌아봐야겠습니다.

죄를 짓거든 타일러라

잘못하는 사람을 보고 모른 척해야 할까, 단죄하거나 타일러야 할까? 성경에서는 잘못하는 사람을 보면 모른 척해서는 안 되고, 잘못을 저지르지 말라고 경고하고 타일러야 한다고 가르칩니다. 마태오 복음 18장 15절에서는 잘못하는 형제를 타이르라 하시고, 에제키엘 33장 8절에서는 잘못하는 사람의 잘못을 타이르지 않아 그 사람이 잘못을 뉘우치지 않고 죽으면 잘못을 타이르지 않은 사람에게 그 책임이 있다고 가르치십니다.

오래전 제가 미국에서 교포 사목을 할 때 교민 한 사람의 잘못을 잘 타이르지 못해 끔찍한 결과를 가져온 일이 있습니다. 40대로 보이는 그 남자는 삶이 너무 힘들다며 목숨을 끊어 버리겠다기에 절대로 그래서는 안 된다고 몇 시간 동안 설득해서 보냈습니다. 그는 떠나면서 자살하려던 생각을 바꾸겠다고 분명히 말했습니다. 그런데 다음 날 그가 목숨을 끊었다는 소식을 들었습니다. 그럴 줄 알았더라면 그 사람을 보내지 않고 사제관에서 밤새도록이라도 붙들고 있었을 것입니다. 그 사람의 죽음을 막지 못한 것이 25년이 지난 지금까지도 후회가 됩니다.

가족이든 이웃이든 잘못을 저지를 때 모른 척해서는 안 됩니다. 따끔하게 타이르고 야단을 쳐서 고치도록 강력하게 부탁하고 요구해야 합니다. 잘못을 저지르는 것을 알면서도 타이르지 않고 모른 척한다면, 그것은 바로 그 잘못에 대해 묵인하고 동조하는 것이며 마침내 공범을 저지르는 것과 다를 바가 없습니다.

온갖 흉악한 범죄를 저질러 사형을 받게 된 한 사형수가 죽기 전 마지막 소원으로 어머니를 만났습니다. 그런데 그 사형수는 어머니를 보자마자 대뜸 어머니의 젖가슴을 이빨로 물어뜯으며 부르짖었습니다. "이 젖 때문에 내가 망했습니다. 어려서 내가 잘못을 저지를 때 따끔하게 야단치며 올바른 길로 인도하지 않고 무조건 예쁘다고 젖을 물려준 어머니가 나를 사형수로 만든 겁니다."

자식의 잘못을 용납해서는 안 됩니다. 회초리를 들어서라도 올바른 사람이 되도록 가르쳐야 합니다. 자식이 잘못된 길에 들어섰다면 부모는 매를 들어서라도 자식의 잘못을 경고하고 고쳐 주어야 합니다. 남편이 도둑질을 하면 아내는 단호하게 경고해야 합니다. 형제나 친구가 잘못을 저지르면 모른 척하지 말고 반드시 사랑의 충고를 통해 바른 길로 돌아오도록 도와주어야 합니다.

가정에서 잘못을 저지르는 가족에게 어떻게 했는지 주일학교 어린이들에게 물어보았습니다. 나쁜 말이나 욕을 하는 아빠에게 경고를 주었다는 어린이, 관광지에서 입장료 몇천 원 아끼려고 자신의 나이를 속이는 엄마에게 거짓말을 하면 안 된다고 충고해 주었다는 어린이, 휴가 중에 노는 것에 정신이 팔려 주일 미사에 빠진 오빠를 꾸짖었다는 어린이 등 그 자리의 모든 어린이들이 하나같이 잘못하는 사람에게는 반드시 경고를 주어야 한다고 대답합니다.

우리의 가족이나 이웃이 어떤 잘못을 저지르고 있다면 모른 척해서는 안 됩니다. 많은 사람들이 그들의 잘못을 고쳐 주려고 기도하며 노력합니다. 당연히 그래야 합니다. 그런데 안타까운 것은 때때로 몇몇 신자들은 가족의 다른 잘못들은 충고하고 시정을 촉구하면서도 신앙생활을 소홀히 하는 잘못에 대해서는 모른 척하거나 아무런 대책을 세우지 않는다는 것입니다.

잘못을 저지른 사람이 가족이든 친지든 정치인이든 상관없이 사랑의 충고를 아끼지 말아야 합니다. 남이야 죽건 말건, 이웃이야 도둑질을 하거나 부정을 저지르건 말건 나 하나만 잘못을 저지르지 않고 착하게 살다가 천국에 가는 것이 신앙생활의 목표라면 그런 신앙은 주님이 원하시는 참신앙이 아니라 이기적인 가짜 신앙일 것입니다.

우리는 잘못을 저지르는 사람들에게 사랑의 충고와 경고를 보내 더 이상의 잘못을 저지르지 않도록 예방해야 합니다. 나의 무관심이나 침묵으로 인해 내가 충고하여 막을 수 있는 잘못이 발생했다면 나에게 책임이 있다는 성경 말씀을 흘려 듣지 말아야 합니다.

"네 형제가 너에게 죄를 짓거든, 가서 단둘이 만나 그를 타일러라."(마태 18,15). "네가 악인에게 그 악한 길을 버리도록 경고하는 말을 하지 않으면, 그 악인은 자기 죄 때문에 죽겠지만, 그가 죽은 책임은 너에게 묻겠다."(에제 33,8)

제4장

거지 신앙과 순교 신앙

아는 게 병

'식자우환識字憂患'이라는 말이 있습니다. '아는 게 병'이라는 뜻으로, 알지만 올바르게 알지 못하기 때문에 오히려 걱정거리가 되거나 피해를 볼 때 쓰는 말입니다. '선무당이 사람 잡는다'는 말도 이와 비슷한 뜻이죠. 반대로 '아는 게 힘'이라는 말도 있습니다. 외국 여행 중에 그 나라말을 할 줄 알아 큰 힘이 될 때 적절한 말입니다.

언젠가 오전 10시경의 비교적 한산한 서울 지하철에서 붉은 성경책을 들고 들어온 한 중년 남자가 큰 소리로 외쳐 댔습니다. 자기는 모 교회 담임 목사라고 소개하며 "성경을 읽지 않고 하느님을 믿지 않으면 지옥에 떨어질 것이니 빨리 주 예수를 믿으라." 하고 말입니다. 누군가가 좀 조용했으면 좋 겠다고 하니까 더 크게 소리를 지르면서 당시 '강릉과 동해안 에 큰 수해가 난 것은 주님을 믿지 않아서 내린 벌'이라고 떠 들어 댔습니다. 그때 엄마 품에 안겨 새록새록 잠을 자고 있 던 한 아기가 고함 소리에 잠에서 깨어나 울음을 터트렸습니 다. 승객들이 그 목사 때문이라고 불평을 하며 웅성대니까 '지옥 불에 떨어질 것'이라고 저주의 말을 남기고 정거장에서 내렸습니다.

그 붉은 성경책의 주인공은 그날 밤 '자신은 예수님의 말 씀대로 복음을 선포하는 데 최선을 다했다'고 스스로 대견해 하면서 잠자리에 들었겠지요? 그러나 그 목사의 행위는 복음 선포와 증거의 삶이 아닙니다. 그는 의도하지는 않았겠지만 그 아기와 전철 안에 있던 사람들에게 일종의 폭력을 휘두른 것입니다. 이 목사가 바로 '식자우환'에 속한 사람이 아닐까 요? 그 목사는 신앙을 알지만 잘못 알기에 이웃과 자신에게 손해를 끼친 사람입니다. 하느님의 말씀을 잘못 알아듣고 그 말씀을 실천하기는커녕 오히려 하느님 뜻에 위배되는 잘못을 저지르고 만 것입니다.

마태오 복음 21장에서 예수님은 두 아들의 비유를 말씀하십니다. 아버지가 두 아들에게 포도원에 가서 일하라고 말하니까 큰아들은 처음에는 안 간다고 했다가 나중에 뉘우치고 일을 하러 갔습니다. 작은아들은 아버지의 말씀에 순명하여 일하러 가겠다고 말해 놓고는 일을 하러 가지 않았습니다. 두 아들 중에 아버지의 뜻을 실천한 사람은 큰아들이었습니다.

복음에 나오는 큰아들이나 작은아들처럼, 엄마가 하라고 시키신 것을 실천했는지 주일 학교 어린이들에게 물어보았습니다. 한 어린이는 엄마가 저녁 기도를 같이 하자고 했을 때 "숙제 마치고 나중에 혼자 할게요."라고 말해 놓고 기도를 안 했다고 대답했습니다. 또 한 어린이는 방 청소를 하라는 아빠의 말씀에 싫다고 대답했다가 마음을 바꾸어 방 청소를 했다고 대답했습니다.

이제 우리 자신에 대해 생각해 봅시다. 우리는 복음에 나오는 큰아들처럼 처음에는 하느님의 뜻을 따를 마음이 없었지만 이후에 뉘우쳐서 지금은 하느님의 뜻을 따르는 사람입니까? 아니면 작은아들처럼 하느님의 뜻을 따른다고 말해 놓고 거역하는 사람입니까? 혹시 지하철의 목사처럼 제 딴에는 하느님의 뜻을 실천하려 했지만 결과적으로는 하느님의 뜻을 거역해 버린 사람은 아닌가요?

우리는 큰아들처럼 세례받기 전에는 포도원에 가지 않으려 했지만, 영세하여 하느님의 자녀가 된 후에는 포도원에 가겠다고 마음을 바꾼 사람들입니다. 그렇다면 당연히 포도원에 가야 하고, 당연히 하느님의 뜻을 실천해야 합니다. 우리는 하느님만을 믿겠다고, 주일 미사에 빠지지 않겠다고, 기도하며 봉사하고 용서하며 사랑하겠다고 약속한 사람들입니다. 그리고 우리는 이 약속을 지키기 위해 무엇을 해야 하는지를 아주 잘 아는 사람들입니다.

아는 것이 병이 되지 않고 힘이 되려면 아는 것을 실천해야 합니다. 아는 것을 잘 실천하는 진짜배기 신자들은 신앙에서 큰 힘과 활력소를 얻지만, 실천하지 않는 무늬만 신자인 사람들은 신앙에서 기쁨과 힘을 얻기는커녕 오히려 신앙생활을 부담스러워합니다. 우리 이제 아는 것을 실천으로 옮기는 참신앙인이 됩시다.

하느님께 도조를 잘 내면 큰 행복이 옵니다

참 이상한 일입니다. 포도밭 소작인들이 주인에게 도조(임대료)를 지불하기는커녕 주인의 아들을 죽이면서 그 땅을 뺏으려고 합니다. 땅이 없는 사람에게 농사지을 땅을 빌려 주었으면 감사해야 마땅하거늘 감사하기는 고사하고 해코지를 하다니 배은망덕한 일입니다.

이는 마태오 복음 21장에서 예수님이 들려주신 이야기입니다. 예수님은 왜 이런 비정한 이야기를 비유로 들어 말씀하셨을까요? 하느님이 주인이시고 사람은 모두 주인의 것을 빌려 쓰는 소작인이므로 인생을 살아가는 동안 하느님에게 마땅히 도조(임대료)를 내야 한다는 것을 가르치시기 위함일 것입니다.

나의 몸과 내가 가지고 내가 사용하는 모든 것의 주인은 내가 아닙니다. 나는 그저 관리자요 소작인일 뿐입니다. 태양, 공기, 물, 땅 등은 물론이고 내가 가진 재산, 지식, 능력 등 모든 것의 주인도 내가 아니라 하느님입니다. 나는 다만 관리자일 뿐입니다.

모든 사람은 다 소작인으로서 주인인 하느님에게 도조를 내야 합니다. 하느님이 주신 땅에 살기 합당한 도조를 내야 하고 하느님이 주신 햇빛과 공기와 물과 자연을 사용하기에 맞갖은 임대료를 내야 합니다. 하느님의 자녀로서 각종 성사의 은총과 축복을 받으며 살기에 감사의 답례를 바쳐야 합니다.

개신교의 목사와 천주교의 신부와 유다교의 랍비가 각각 자기 교회의 신자들이 낸 헌금을 하느님에게 바치는 방법을 설명했습니다. 먼저 목사가 말했습니다. "바닥에 직선을 긋고 위로 헌금을 던져서 선 왼쪽에 떨어진 돈은 내가 쓰고 선 오른쪽에 떨어진 돈은 하느님께 바칩니다." 천주교의 신부는 "바닥에 동그란 원을 그린 후 헌금을 위로 던져 원 밖에 떨어진 돈은 내가 쓰고 원 안에 떨어진 돈은 하느님께 바칩니다." 라고 말했습니다. 마지막으로 랍비가 말했습니다. "하느님께 바친 거룩한 헌금을 당신들이 그어 놓은 선으로 감히 나누다니 불경스럽습니다. 나는 헌금을 몽땅 하늘에 던져 '하느님, 원하시는 만큼 가지고 나머지는 제게 주십시오.'라고 기도합니다."

우스갯소리입니다. 그렇다면 진짜로 도조를 잘 내는 방법은 무엇일까요? 자신이 가진 재물이나 능력, 시간이나 감정을 하느님께 직접 바치거나 또는 하느님을 위해 사용하는 것입니다. 하느님이 주신 땅에서 얻은 재물을 자신만을 위해서 쓰지 않고 하느님의 일을 위해서 써야 비로소 도조를 잘 내는 것입니다.

그리고 자신의 재물과 능력과 시간을 이웃을 위해 사용하는 것도 하느님에게 도조를 바치는 방법 중의 하나입니다. 특히 자신의 재물을 자신만의 것이라고 해서, 자신이 피땀 흘려 얻은 재물이라고 해서, 자신만을 위해 사용하는 것이 아니라 이웃을 위해 사용하는 것이 도조를 잘 내는 것입니다.

또한 자신이 가진 것 모두를 주님이 주신 것으로 인정하여 주님에게 감사하는 것 역시 도조를 잘 바칠 수 있는 마음가짐입니다. 주님이 햇빛과 공기와 물과 땅과 건강한 몸과 명석한 머리를 주셨기에 이만큼 가지게 되었고, 이만큼 누리게 되었음을 감사해야 합니다. 자신이 가진 모든 것이 모두 다 주님이 주신 땅에서 나온 것임을 아는 사람은 감사하는 마음으로 도조를 바칩니다.

그러기에 바오로 사도도 필리피 신자들에게 보낸 서간에서 감사하라고 가르칩니다. 어떠한 경우에든 감사하는 마음으로 기도하라고 하면서 감사하면 '사람으로서는 감히 생각할 수도 없는 하느님의 평화'(필리 4,7 참조)를 얻을 수 있다고 말합니다.

대구대교구 소속의 어느 은퇴하신 신부님은 평소에 늘 입버릇처럼 감사하다는 말을 해 왔는데 오토바이 사고를 당하는 순간에도 "감사합니다."라고 기도를 했답니다. 그 사고로 크게 다쳐 뼈가 여러 개 부러졌지만 통증을 느끼지 않아, 의사가 학회에 보고할 일이라고 놀랐답니다. '감사'라는 도조를 바치면 필리피 신자들에게 보낸 서간의 말씀처럼 '사람으로서는 감히 생각할 수도 없는 평화'를 누린다는 것을 그 신부님이 증명해 보였습니다.

    자신이 가진 것을 자신을 위해서만 사용한다면 한 푼의 도조도 내지 않아 불행하게 된 악독한 소작인과 다를 바가 없을 것입니다. 그러나 관리자요 소작인임을 인식하고 받은 것을 감사하면서 이웃과 나누고 하느님에게 바친다면 틀림없이 '사람으로서는 감히 생각할 수도 없는 평화'를 누릴 것입니다.

하느님의 초대

어떤 임금이 백성들을 잔치에 초대했는데 그 백성들이 임금의 초대를 거절했습니다. 특별한 이유도 없는데 단지 밭에 일하러 가려고, 가게에 가서 장사를 하려고 임금의 초대를 거절한 것입니다. 그 사람들은 임금의 초대를 거절했을 뿐만 아니라 초대장을 가져온 사람들에게 폭력을 휘두르고 죽이기까지 합니다. 말도 안 되는 이 이야기가 바로 마태오 복음 22장에 나옵니다.

몇 년 전 도지사의 초청을 받아 조찬 모임에 참석한 적이 있습니다. 사실 저는 그런 자리를 불편하게 느끼는지라 정중

하게 거절하고 싶었지만, 초청한 사람의 성의를 무시할 수 없어서 참석하여 도지사와 유지들과 함께 식사를 했습니다. 그 후에 들은 이야기에 의하면, 자신을 유지라고 생각했는데 그 자리에 초대받지 못한 사람들이 섭섭해하고 자존심도 상해했다고 합니다. 그것은 도지사의 초대를 대단한 영광으로 생각하기 때문일 것입니다.

아마 여러분도 도지사의 초대를 받는다면 영광으로 알고 기꺼이 응하겠지요. 만약 대통령의 초대를 받는다면 더할 나위 없는 큰 영광으로 여기고 대단한 자부심을 갖고서 열 일 제치고 참석할 것입니다. 대통령의 초대를 받은 사람들은 아무리 몸이 아파도, 아무리 돈이 들어도, 아무리 큰일이 있어도 반드시 참석할 것입니다.

그러나 우리는 도지사나 대통령하고는 비교도 할 수 없이 높으신 하느님의 초대를 받았습니다. 이 얼마나 큰 영광이며 엄청난 축복입니까? 어디 감히 밭에 간다고, 장사하러 간다고, 일하러 간다고 하느님의 초대를 거절할 수 있습니까? 어디 감히 등산 간다고, 낚시 간다고, 놀러 간다고 주님의 초대를 거절할 수 있단 말입니까? 어디 감히 몸이 좀 피곤하다고,

집에서 쉬겠다고 주님의 초대를 거절할 수 있습니까? 어디 감히 잔칫집에 간다고, 계 모임에 간다고 주님의 초대를 무시할 수 있단 말입니까?

그래서 예수님은 마태오 복음 22장에서 말도 안 되는 비유를 들어 하느님의 초대를 설명하십니다. 비유에서와 마찬가지로 우리도 하느님의 초대장을 여러 번 받았습니다. 하느님은 천둥 번개를 통해서 우리에게 회개할 마음을 주시면서 회개 후에 당신이 주실 은총의 잔치에 들어오라고 초대하셨습니다. 때로는 질병과 사고를 통해서도 우리를 초대하셨습니다. 질병이나 사고나 불행을 당할 때 당신 안에서 해결하라고 부르신 적도 있습니다. 만나는 이웃을 통해서도 우리를 부르셨습니다. 건강과 재물을 통해서도 우리를 초대하셨습니다. 건강이나 재물 등 우리가 가진 것들은 모두 하느님에게서 온 것이기에 하느님을 위해 사용할 때 하느님만이 주시는 참된 행복을 주시겠다고 우리를 부르셨습니다.

그러나 무엇보다 하느님의 큰 초대는 바로 주일 미사입니다. 주일 미사야말로 하느님이 초대하신 가장 성대한 잔치입니다. 그런데 이 하느님의 잔치에 황공한 마음으로 참여하기는커녕 갖가지 핑계를 대면서 참석하지 않는 사람들이 있습니다. 어느 원로 신부님에게 들은 말입니다. "신앙심이 약한 신자들은 잔치에 약하고 계 모임에 약하고 날씨에 약하다." 그들은 동네잔치나 친척들의 잔치는 부담스러워하면서도 잘 챙기고, 계 모임 특히 먹는 계에는 빠짐없이 참석하여 곗돈도 꼬박꼬박 챙기지만, 주님한테 초대받은 주일 미사에는 정성도 챙김도 엉망이랍니다. 그뿐만 아니라 추우면 추워서, 더우면 더워서, 비오면 비가 와서, 날씨가 좋으면 좋아서, 나쁘면 나빠서 주일 미사에 빠진답니다. 맞습니다. 날씨에 따라, 잔치가 많은 시기에 따라 미사에 참석하는 신자들의 숫자가 달라지는 이유가 바로 거기에 있었습니다.

사실 주일(일요일)은 '주님의 날'로서 주님 부활의 기쁨을 맛보는 최고의 잔칫날입니다. 그 잔치에 참석한 사람들은 정말로 큰 은총을 체험합니다. 미사 중에 하느님 나라를 미리 맛보게 되는 것입니다. 험악한 세상에서 한 주간 상처받은 마음을 주일 미사 중에 치유하고, 지난 일주일 동안 세상에서 받지 못한 극진한 사랑을 받고, 지난 한 주간 고통스럽고 슬펐던 마음을 위로받고 이해받습니다. 그리고 마침내 주님의 몸인 성체를 받아 모심으로써 주님과 하나가 되어 주님의 나라를 온몸으로 체험합니다.

주님은 여러 가지 방법으로 우리를 당신의 나라에 초대하시지만 특히 주일 미사를 통해 더욱 확실하게 우리를 초대하십니다. 이런 주님의 초대를 이 세상에서 거절한 사람들은 저 세상에서 누릴 하느님의 영원한 나라에 들어가기 어려울 것입니다. 그러나 이 세상에서 주님의 초대를 거절하지 않고 응답했던 사람들은 마침내 하느님의 영원한 나라에 초대되어 영원한 행복을 누릴 것입니다.

거지 신앙과 순교 신앙

 당신은 성당에 무엇인가를 받으러 왔습니까, 아니면 자신이 가진 것을 내어 주러 왔습니까? 성당에 와서 받는 게 많습니까, 혹은 주는 게 많습니까? 신앙생활은 받는 생활과 주는 생활 중 무엇인지 생각해 본 적이 있습니까?

 신앙생활은 분명히 주는 생활입니다. 우리가 신앙생활을 하는 이유는 받기 위해서가 아니라 주기 위해서입니다. 따라서 신앙인은 받을 궁리를 할 게 아니라 줄 궁리를 해야 합니다. 언제 어디에서 무엇을 어떻게 줄 것인가를 생각하고 궁리하고 그 방법을 찾아내어 자신이 가진 것을 내어 주는 것이 참된 신앙인의 자세일 것입니다.

반대로 받기만 하는 신앙은 그릇된 신앙입니다. 주지는 않고 받으려고만 하는 신앙의 형태는 흔히 말하는 사이비 종교에서 엿볼 수 있습니다. 사이비 종교의 그릇된 신앙을 가진 이들은 이렇게 말합니다. "우리 교회에 받으러 나오십시오. 복을 받으십시오. 구원을 받으십시오. 병자들은 와서 치유를 받으십시오. 사업 번창으로 돈을 벌어 가십시오. 가정 문제의 해결책을 받아 가십시오. 학생은 공부 잘하는 방법을 받아 가십시오."

하긴, 준다는데 싫어할 사람은 없겠죠. 병도 고치고 돈도 벌게 해 준다는데 거절할 사람이 어디 있겠습니까. 꽤 많은 사이비 종교가 이런 식으로 사람을 유혹합니다. 받는 것을 좋아하는 인간 심리를 이용해서 받아 가라고 마음을 충동질합니다.

그러나 다시 한 번 생각해 봅시다. 받기만 하는 사람은 아직 어린 아기이거나 거지입니다. 아기는 받기만 합니다. 아직 줄 것이 없습니다. 거지도 받기만 합니다. 거지는 직업이 받는 것이기에 받는 방법만 연구하고 받는 기술만을 배웁니다.

거지는 줄 줄 모르고 오로지 받기만 합니다.

신앙인이 아기처럼 무언가를 받기만 한다면 신앙이 미성숙하다는 증거인 셈입니다. 거지가 받기만 하듯이 신앙인이 받으려고만 한다면 그것은 참신앙이 아니라 거지 신앙이라는 뜻입니다. 교회가 받기만 하는 곳이라면 거지 교회이고, 교회가 받는 방법만 가르친다면 그 교회는 거지 양성소일 수밖에 없습니다.

받는 방법만 가르치는 사이비 교회들은 거지 교회라는 이름에 걸맞게 잘도 받아 냅니다. "하느님의 축복을 받으려면 먼저 돈을 많이 내시오.", "죄의 용서와 구원을 받으려면 먼저 많은 헌금을 하시오."라고 외치면서 굉장히 많은 돈을 받아 냅니다. 그래서인지 어떤 교회는 천주교회보다 신자 숫자는 적지만 헌금 액수는 열 배도 넘습니다.

참교회는 주는 것을 가르쳐야 하고 실제로 주는 것에 앞장서야 합니다. 교회가 존재하는 이유는 세상으로부터 무엇인가를 받기 위해서가 아니라 세상에 무엇인가를 주기 위해서입니다. 교회는 스스로 밀알처럼 죽어서 열매를 맺어 주고, 빛과 소금이 되어 주고, 힘든 세상에 희망을 주는 존재가 되어야 합니다. 교회가 세상으로부터, 또는 사람들로부터 무엇인가를 받기 위해 존재해서는 안 됩니다. 신자들이 내놓은 재물과 봉사와 사랑을 세상에 주기 위해 존재해야 합니다.

예수님은 "황제의 것은 황제에게 돌려주고, 하느님의 것은 하느님께 돌려 드려라."(마태 22,21) 하고 말씀하셨습니다. 우리가 가진 모든 것은 하느님이 주신 것이기에 다시 하느님에게 돌려 드려야 합니다. 하느님에게 돌려 드리라고 우리를 하느님의 자녀로 뽑으셨습니다. 하느님이 우리를 당신의 자녀로 뽑으신 이유는 무엇인가를 '받기 위해서'가 아니라, '주기 위해서'입니다. 우리는 하느님과 이웃에게 사랑과 봉사를 주기 위해서 뽑혔습니다.

착한 사마리아 사람처럼 이웃이 되어 주고, 마태오 복음 25장의 최후의 심판에서 말씀하신 것처럼 굶주린 이에게 먹을 것을 주고, 헐벗은 이에게 입을 것을 주고, 목마른 이에게 마실 것을 주라고 우리를 뽑으신 것입니다.

우리의 자랑스러운 조상들은 주님에게 뽑힌 목적대로 살았습니다. 순교하기 전에 이미 순교 신앙을 살았습니다. 감옥에서 굶어 죽으면서도 자신에게 주어진 쥐꼬리만 한 감옥 식

량을 동료 수감자들에게 나누어 주었습니다. 그리고 마침내 자신의 목숨까지 내어 줌으로써 순교자가 된 것입니다.

받기만 하는 신앙을 '거지 신앙'이라고 부른다면 주는 신앙을 '순교 신앙'이라 부를 수 있습니다. 주고 또 주고 목숨까지 주는 신앙인을 순교자라고 말하고 그런 순교자들의 '순교 신앙'이야말로 진짜 신앙입니다. 받기만 하는 '거지 신앙'인이 되지 말고 주고 또 주는 '순교 신앙'인이 됩시다.

서로 뗄 수 없는 관계

 '하느님을 사랑하고 이웃을 사랑하라'는 것이 모든 성경 말씀의 핵심입니다. 그래서 우리는 하느님도 사랑하고 이웃도 사랑해야 합니다. 어느 개그맨이 말한 "그까이 거 대충"처럼 하느님이나 이웃을 '대충' 사랑해서는 안 됩니다.

 하느님을 사랑하되 '마음을 다하고 목숨을 다하고 정신을 다하여' 사랑해야 합니다. 이웃도 대충 사랑해서는 안 되고 '자신처럼' 사랑해야 합니다. 목숨을 다 해서 하느님을 사랑하는 것도 벅찬데 이웃을 자신의 몸처럼 사랑하는 것까지 해야 합니다. 힘들어도 하느님 사랑과 이웃 사랑 둘 다 해야 합니다. 둘 중 한쪽만 사랑해서는 안 됩니다.

그런데 어떤 사람들은 하느님 사랑과 이웃 사랑을 별개의 것이라고 착각합니다. 하느님을 사랑하지 않으면서 이웃을 사랑할 수 있다고 착각하기도 하고 이웃을 사랑하지 않으면서 하느님을 사랑할 수 있다고 착각하기도 합니다.

하느님을 사랑하지 않으면서 이웃을 사랑할 수는 없습니다. 하느님을 믿지 않으면서 이웃을 사랑하는 것처럼 여겨지는 사람들이 있습니다. 천성이 착한 사람들, 양심적인 사람들, 교양과 예의가 바른 사람들, 하느님을 믿지는 않지만 이웃 사랑을 실천하는 사람들이 있습니다. 그러나 하느님과 상관없는 이런 사랑은 사실 불안하기 짝이 없습니다. 하느님을 사랑하지 않는다면 이웃을 사랑할 분명한 이유가 없기 때문입니다. 하느님을 사랑하지 않으면서 이웃을 사랑한다면 그것은 자신의 이익이나 만족을 위해서, 또는 어떤 보답을 바라고 이웃을 사랑하는 것이 대부분입니다. 따라서 그런 경우 자신에게 아무런 득이 되지 않거나 손해가 된다면 더 이상 그 이웃을 사랑하지 않게 됩니다.

한마디로 말해서 하느님과 연결되지 않은 인간들끼리의

사랑은 자기 자신의 이익을 위한 사랑이거나 이기적인 사랑으로, 진정한 의미의 사랑이라고 할 수 없습니다. 자녀에 대한 부모의 사랑은 예외입니다. 부모의 사랑은 하느님의 사랑을 닮았기 때문입니다.

결국 진정한 사랑이란 하느님을 사랑하기 때문에 이웃을 사랑하는 그런 사랑입니다. 하느님과 연관된 사랑만이 진정한 이웃 사랑입니다. 하느님을 사랑하면 이웃을 사랑할 수밖에 없습니다. 마누라가 예쁘면 처갓집 말뚝을 보고도 절을 한다는 말이 있듯이, 누군가를 사랑하게 되면 그 사람과 관계된 모든 것을 사랑하게 됩니다. 하느님을 사랑하는 사람은 하느님이 사랑하는 모든 사람을 사랑하게 되고 하느님이 좋아하는 모든 일을 실천하게 됩니다.

하느님은 모든 인간을 좋아하고 사랑하며 귀하게 여기십니다. 그러므로 하느님을 사랑하는 사람은 하느님이 사랑하고 좋아하는 인간을 사랑할 수밖에 없습니다. 즉 하느님을 사랑하면 이웃을 사랑하게 됩니다.

하느님을 사랑하지 않으면서 이웃을 사랑할 수 없듯이, 이웃을 사랑하지 않으면서 하느님을 사랑할 수도 없습니다. 하느님은 우리의 이웃과 자신을 동일하게 여기십니다. 즉 우리가 이웃을 사랑하면 하느님은 당신을 사랑하는 것으로 느끼십니다. 이와 마찬가지로 우리가 이웃을 미워하면 하느님은 당신이 미움받는 것으로 느끼십니다. 그러므로 이웃을 사랑하지 않고서는 하느님을 사랑할 수 없습니다. 이웃을 모르는 척하면서, 이웃을 미워하면서 하느님을 사랑할 수는 없습니다. 그래서 이웃을 사랑하는 것은 바로 하느님을 사랑하는 것이고 하느님을 사랑하는 것은 바로 이웃을 사랑하는 거라고 말하는 것입니다. 마태오 복음 25장 40절에서도 분명하게 말씀하셨습니다. "가장 작은 이들 가운데 한 사람에게 해 준 것이 바로 나에게 해 준 것이다."

따라서 하느님 사랑과 이웃 사랑을 떼어서 생각할 수 없습니다. 이웃을 미워하는 것은 바로 하느님을 미워하는 것입니다. 요한 사도는 말합니다. "하느님을 사랑한다고 하면서 자기의 형제를 미워하는 사람은 거짓말쟁이입니다. 눈에 보이는 형제를 사랑하지 않는 자가 어떻게 보이지 않는 하느님을 사랑할 수 있겠습니까?"(1요한 4,20 참조) 이웃을 사랑하는 사람만이 하느님도 사랑할 수 있다는 뜻입니다. 그러므로 기도와

봉사를 아무리 많이 하더라도 가족이나 이웃을 사랑하지 않는다면 하느님을 사랑한다고 말할 수 없습니다.

이처럼 하느님 사랑과 이웃 사랑은 둘이 아니라 하나입니다. 하느님 사랑과 이웃 사랑을 떼어 놓으면 둘 다 진정한 사랑이 아닙니다. 하느님만 사랑하면서 이웃을 사랑하지 않거나 이웃만 사랑하면서 하느님을 사랑하지 않다는 것은 있을 수 없는 일입니다. 마치 1,000원짜리 지폐 한 장을 절반으로 자르면 500원짜리 두 장이 될 수 없는 것과 같은 이치입니다. 절반으로 자른 1,000원짜리 지폐는 500원의 가치도 없게 되는 것처럼 하느님 사랑과 이웃 사랑을 절반으로 자르면 아무런 사랑도 될 수 없습니다.

주님 사랑과 이웃 사랑은 하나입니다. 이웃을 사랑함으로써 하느님을 사랑하고, 하느님을 사랑함으로써 이웃을 사랑합시다.

자신을 높이는 사람은 헛똑똑이

"누구든지 자신을 높이는 이는 낮아지고 자신을 낮추는 이는 높아질 것이다."(마태 23,12)라는 말씀을 저는 "재주가 많아 재주에 의지하며 재주로 높아지려는 사람은 오히려 낮아지고 불행해진다."라고 묵상하였습니다.

옛날 중국 고사에 '오기서五技鼠'라는 쥐가 등장합니다. 날고, 기고, 뛰고, 숨고, 달아나는 '다섯 가지 재주를 가진 쥐'라는 뜻이지요. 그 쥐는 나무에 기어오르기는 다람쥐보다 뛰어났고, 땅굴을 파기는 두더지보다 더 잘 팠으며, 하늘을 나는 것은 박쥐보다 나았고, 달리기는 토끼보다 빨랐습니다. 그래서 그 쥐는 짐승들 사이에서는 늘 부러움의 대상이었고 많은 짐승들이 그를 우상처럼 받들었습니다.

그날도 여느 때처럼 많은 짐승들이 모여서 그의 신기神技에 가까운 재주를 보고 있는데 먹이를 찾고 있던 독수리가 이들을 보고 화살처럼 날아왔습니다. 그러자 짐승들은 저마다 가지고 있는 재능을 발휘하여 눈 깜짝할 사이에 몸을 숨겼지만 오기서는 여러 재주 중에 어느 것을 사용해야 할지 잠시 머뭇거리는 순간 독수리에게 잡아먹히고 말았습니다.

가진 재주가 별로 없어서 자신을 낮추었던 다른 동물들은 살아남았지만 재주가 많아서 자신을 높였던 오기서는 결국 그 많은 재주 한 번 쓰지 못하고 죽었습니다. 그래서 동물들은 오기서의 재주에 대해 다시 생각하게 되었답니다.

이 세상에서는 자신을 높이는 사람이 높아지고, 재주가 많은 사람이 출세하고, 가진 게 많고 아는 게 많은 사람이 대접을 받습니다. 그러나 예수님은 오늘 복음에서 "자신을 높이는 이는 낮아지고 자신을 낮추는 이는 높아질 것"이라고 말씀하심으로써 자기를 낮추는 사람이 되라고, 재주가 있어도 그 재주에 의존하지 않고 뽐내지 않는 사람이 대접받을 거라고 가르치십니다.

주님의 이런 가르침이 세상 사람들에게는 어리석게 보일 수도 있습니다. 재물, 명예, 지식, 재능 등으로 자신을 높이며 살아가는 사람들은 자신을 낮춘다는 것을 어리석은 바보짓으로 생각하기 때문입니다.

그러나 누가 더 바보이고 누가 더 어리석을까요? '헛똑똑이' 라는 말이 있습니다. 똑똑한 척하지만 실상은 똑똑하지 못한 사람을 두고 하는 말입니다. 한 어른이 500원짜리와 100원짜리 동전을 길바닥에 던지면서 여섯 살 아이에게 하나만 가져가라고 했습니다. 그런데 그 아이는 500원짜리가 아닌 100원짜리를 줍는 것이었습니다. 어른은 아이의 바보 같은 행동에 재미를 느끼며 계속해서 두 가지의 돈을 던졌고, 아이는 계속해서 100원짜리를 주워 모았습니다. 길 가던 사람이 아이에게 "얘야, 왜 500원짜리를 집지 않고 100원짜리를 집니?" 하고 묻자 그 어린아이가 대답했습니다. "내가 500원 짜리를 집으면 저 아저씨가 더 이상 돈을 안 던질 테고 그러면 나는 500원밖에 못 벌지 않나요? 내가 100원짜리를 집으니까 계속해서 던지는 거고, 덕분에 나는 벌써 1,300원이나 번 걸요."

언뜻 보면 아이가 바보 같겠지만, 사실은 어른이 더 바보였습니다. 그 어른은 바로 '헛똑똑이'였습니다.

이 세상에서 자신을 높이는 사람은 '헛똑똑이'입니다. 이 세상에서 재물과 재주, 명예와 출세를 따라가면서 높아지려 하는 사람, 그런 것으로 행복해지려 하는 사람, 그런 삶을 성공한 삶으로 보는 사람을 세상에서는 똑똑한 사람으로 보지만 예수님은 바보로 보십니다.

여기 또 한 종류의 헛똑똑이가 있습니다. "나는 젊을 때 적당히 쾌락도 누려 가면서 인생을 맘껏 즐기다가 늙고 병들어 더 이상 인생을 즐길 힘이 없을 때가 오면 영세하겠다. 그때 모든 죄를 용서받고 그 후부터 열심히 신앙생활해도 천당에 갈 수 있으니까."라고 말하는 사람입니다. 그는 일찍부터 신앙생활에 충실하느라 죄도 못 짓고 사는 신앙인을 바보로 보고 자신을 똑똑한 사람으로 착각합니다. 그 사람이야말로 헛똑똑이요 어리석은 사람입니다. 그는 이 세상에서 지은 죄의 대가를 죽은 다음에 연옥에서 열 배 백 배로 치른 후에야 천국에 들어갈 수 있다는 것까지는 모르는 바보 중의 바보인 것입니다.

재물이나 지식, 명예나 쾌락 등 세속적인 것으로 자신을 높이려는 사람은, 세상에서는 높아지고 출세하더라도 주님 앞에서는 낮아지고 불행해질 것입니다.

사람다운 사람

《이솝 이야기》는 고대 그리스에 살았던 노예이자 이야기꾼이었던 이솝이라는 사람이 지은 우화 모음집입니다. 그 이솝이 어렸을 때 훌륭한 학자를 주인으로 모시고 있었습니다.

어느 날 주인이 이솝에게 말했습니다. "애야, 목욕탕에 가서 사람이 많은지 보고 오너라." 이솝은 공중 목욕탕으로 갔습니다. 그런데 그 목욕탕 문 앞에 끝이 뾰족한 큰 돌이 땅바닥에 박혀 있어서 목욕하러 들어가는 사람이나 목욕하고 나오는 사람 모두가 그 돌에 걸려 넘어질 뻔했습니다. "에잇! 빌어먹을!" 사람들은 돌에 대고 욕을 퍼부었습니다. 그러면서도 누구 하나 그 돌을 치우는 사람이 없었습니다.

'사람들도 참 한심하지. 어디 누가 저 돌을 치우나 지켜봐야겠다.' 이솝은 목욕탕 앞에서 그것만 지켜보고 있었습니다. "에잇 빌어먹을 놈의 돌멩이!" 여전히 사람들은 돌에 걸려 넘어질 뻔하고는 욕설을 퍼부으며 지나갔습니다. 얼마 후에 한 사나이가 목욕을 하러 와서는 돌에 걸려 넘어질 뻔했습니다. 이솝은 여전히 그 사나이를 지켜보고 있었습니다. "웬 돌이 여기 박혀 있담!" 그 사나이는 단숨에 돌을 뽑아냈습니다. 그리고 손을 툭툭 털더니 목욕탕 안으로 들어갔습니다.

그러자 이솝은 목욕탕 안에 들어가 사람 수를 헤아려 보지도 않고 그냥 집으로 달려갔습니다. "선생님 목욕탕 안에 사람이라고는 한 명밖에 없습니다." "그것 참 잘됐구나. 나하고 목욕이나 하러 가자." 이솝은 주인과 함께 목욕탕으로 갔습니다.

그런데 목욕탕 안에는 사람들이 우글우글해서 발을 들여놓을 틈도 없었습니다. "이 녀석, 사람이 한 명밖에 없다고? 너 왜 거짓말을 했느냐?" 주인이 화를 내며 말했습니다. "아닙니다, 선생님. 목욕탕 문 앞에 뾰족한 돌이 튀어 나와서 사람들이 걸려 넘어지고 다치기도 했는데, 누구 하나 그 돌멩이를 치우는 사람이 없었습니다. 그런데 단 한 사람, 그 돌멩이를 뽑아 치우고 들어가는 사람이 있었습니다. 제 눈에는 사람다운 사람으로 오직 그 사람 하나가 보였을 뿐입니다." "허허, 그래서 그랬구나." 주인은 훌륭한 학자답게 껄껄 웃었습니다.

저는 예비 신자들에게 신자가 되기 전에 먼저 사람이 되라고 가르칩니다. '사람이 되라'는 말을 쓰는 이유는 사람이 안 되었거나 덜된 사람들이 있기 때문입니다. 사람들은 이런 말들을 합니다. "쟤게 언제 사람이 되지?", "쟤가 영세하더니 사람다워졌어.", "고생을 좀 해 봐야 사람이 되려나.", "돼먹지 못한 놈 같으니라고.", "덜된 놈."

영세하고 나서 사람다워진 사람은 영세하기 전에는 짐승이었을까요? 덜된 놈은 짐승에서 사람이 되어 가는 과정일 뿐 아직은 사람이 아니라는 말인가요? 반은 짐승이고 반은 사람인가요? 아닙니다. 사람은 누구나 완전한 사람이지 반은 사람이고 반은 짐승인 사람은 없습니다. 짐승에서 사람으로 변화되어 가는 사람도 없습니다. 그런데도 사람들은 아직 사람이 덜된 것처럼, 차츰 사람이 되어 가는 것처럼 말을 하곤 합니다…….

그러나 짐승에게는 그런 말을 쓰지 않습니다. "저 개가 언제나 개가 되려나?", "돼먹지 못한 돼지 같으니라고.", "저 소는 소답지 못한 소야." 이런 말들을 쓰지 않습니다. 개나 돼지나 짐승은 덜된 짐승이 없이 모든 짐승이 다 완전한 짐승입니다. 짐승은 태어나면서부터 이미 완전한 존재입니다. 아직 새끼라도 덩치가 작을 뿐 짐승으로서는 완벽한 짐승입니다. 짐승답지 못한 점이 하나도 없습니다. 여기서 우리는 다음과 같은 원칙을 말할 수 있습니다. "동물은 다 된 존재지만 인간은 되어 가고 있는 존재다.", "완전한 인간을 향해 끊임없이 되어 가는 존재가 바로 인간이다."라고 말입니다.

그러면 인간이 '되었다, 덜되었다' '돼먹었다, 돼먹지 않았다' '사람답다, 사람답지 못하다' 하는 기준은 무엇일까요? 힘을 많이 가진 사람이 돼먹은 사람이고 힘을 적게 가진 사람은 아직 덜된 사람일까요? 돈을 많이 가진 사람이 돼먹은 사람이고 돈을 적게 가진 사람은 아직 덜된 사람일까요? 부귀 권세를 많이 가진 사람이 제대로 된 사람이고 부귀 권세를 가지지 못한 사람은 덜된 사람일까요?

완전한 사람 즉, 훌륭한 사람이나 존경받는 사람의 기준은 무엇일까요? 어떤 사람이 돼먹은 사람, 사람다운 사람, 훌륭한 사람일까요? 슈바이처 박사, 헬렌 켈러, 나이팅게일, 마더 데레사 수녀님, 법정 스님, 김수환 추기경님이 사람다운 사람입니다. 우리 주변에서 우리가 좋아하는 사람, 우리 주변에서 존경받고 인정받은 사람들이 사람다운 사람들입니다.

그런데 이런 좋은 사람들에게는 한 가지 공통점이 있었습니다. 존경받고 사랑받는 사람들, 사람다운 사람들, 돼먹은 사람들은 그렇지 않은 사람들과 다른 점이 하나 있습니다. 그것은 재물도 지식도 권력도 힘도 아닙니다. 그들의 공통점은 '이웃을 위한 자기 포기, 즉 이웃을 위한 사랑과 봉사'입니다. 남을 위해 희생할 줄 알고 남을 도와줄 줄 아는 사람들이 바로 사람다운 사람, 돼먹은 사람 소리를 듣는 것입니다. 역사적으로 유명한 위인들이든 평범한 서민인 이웃이든 우리 주변에서 존경받고, 다른 이들이 좋아하는 사람들의 공통점은 바로 '남을 위해 사는 사람들'이었습니다. 돼먹은 사람, 사람다운 사람, 훌륭한 사람의 공통점은 사랑과 봉사였던 것입니다. 자신만을 위해 사는 사람은 아직 덜된 사람입니다. 이웃을 위해 살 줄 아는 사람이 바로 사람다운 사람, 돼먹은 사람입니다.

소유와 집착

저는 주일 미사 시간 중에 새로 온 사람들을 소개합니다. 그런데 어느 날 서울에서 온 신자가 자신은 전에 국회 의원과 장관을 했었고 돈도 많기에 본당에서 봉사하는 일에 돈을 쓰고 싶다며 은근히 자신이 가진 것을 자랑하는 눈치였습니다. 가브리엘 마르셀이란 철학자는 '가지는 것'과 '있는 것'은 다르다고 말했습니다. 돈, 지식, 물질은 가지는 것이지 그것이 인간을 만들지는 못합니다. 자신이 가진 것, 즉 소유물을 자기 자신과 착각해서는 안 됩니다. 무엇인가를 많이 가졌다고 해서 자신이 훌륭해지는 것은 아닙니다. 됨됨이가 부족한 사람일수록 자기가 가지고 있는 것을 자꾸 내세우려 합니다. 부족한 사람일수록 자신의 부족함을 채우기 위해 물질이나 명예나 권력 등을 더 가지려 합니다.

수천만 원짜리 외국제 가구, 명품 옷, 명품 가방이나 구두, 보석 등을 많이 가졌다고 해서 훌륭한 사람이 되는 것은 분명 아닙니다. 박사 학위, 해박한 지식, 뛰어난 재능, 높은 직책이나 최고의 명예, 권력 등을 아무리 많이 가지고 있어도 사람다운 사람이 되거나 훌륭한 사람이 되는 것은 아닙니다. 특히 하느님의 사람이 되는 것은 아닙니다.

독일의 유명한 문호 괴테는 "가진 것이 많다는 것은 그 뜻을 깨닫지 못하는 사람에게는 무거운 짐일 뿐이다."라고 말했습니다. 재개발 등의 이유로 어느 날 벼락부자가 된 졸부들이나 복권에 당첨이 되어서 갑자기 벼락부자가 된 사람들 중에는 그 많은 돈 때문에 인생을 망치고 폐인이 된 사람이 많습니다.

집은 가진 것이 많을수록 비싸고 좋은 집입니다. 방도 많고 화장실도 많고 거실도 크고 다용도실도 많고 그 이외에 각종 편의 공간들이 많고 클수록 좋은 집이어서 비싸게 거래됩니다. 자동차도 기능이 많을수록 좋은 차입니다. 비싸고 좋은 자동차에는 별별 것들이 다 있습니다. 차 안에 컴퓨터, TV, 냉장고, 안마기, 오락기, 홈시어터 등 각종 편의 시설을 다 갖추고 있습니다.

그러나 사람은 다릅니다. 사람은 많이 가져야 좋은 사람이 되는 것이 아닙니다. 오히려 알맞게 가져야 합니다. 눈을 두 개만 가져야지 세 개를 가지면 기형이고 살이 알맞게 쪄야지 너무 살이 많아도 건강한 것이 아닙니다. 체지방, 콜레스테롤, 혈압, 비타민 등도 알맞게 있어야지 너무 많으면 질병의 원인이 됩니다.

개나 돼지 등 동물도 대개는 덩치가 클수록 좋습니다. 소나 돼지는 클수록 고기가 많이 나오니 값어치가 있고 생선도 클수록 맛있고 비쌉니다. 나무나 풀 같은 식물도 클수록 좋습니다. 특히 정원수로 쓰는 소나무 중에 큰 것은 몇천만 원도 한답니다.

성장하는 과정 역시 동물이나 식물은 받아들임으로써 성장하고 더 좋은 것으로 커 갑니다. 충분한 영양분과 수분과 햇빛을 받으면서 성장합니다. 사람의 육체도 동물이나 식물처럼 받아들임으로써 성장하여 건강한 육체가 만들어집니다. 각종 비타민, 알맞은 탄수화물, 단백질, 지방질 등 몸에 필요한 영양을 받아들임으로써 육체가 성장하고 건강한 몸을 유지합니다.

그런데 사람의 영혼과 정신은 육체와는 다릅니다. 사람의 영혼과 정신은 육체와는 달리 주고 버림으로써 성장하고 완성되어 가는 것입니다. 심리학 이론에 의하면, 인간의 심리적 발전은 자기중심적 의식에서 떠나 이웃을 의식하면서 완성된다고 합니다. 예를 들어 자기밖에 모르는 아기는 받으려고만 합니다. 음식뿐만 아니라 흙이든 장난감이든 불덩어리든 무엇이든지 입으로 들어갑니다. 이런 아기가 형제와 가족에게 자신이 가진 사탕을 나누어 줄 줄 알 때 비로소 사람이 되어 가는 것이지요. 받기만 하는 자기중심적인 마음을 버리고 베풂으로써 사람이 되어 가는 것입니다.

한마디로 말하면 집이나 자동차 등 물질적인 것은 재료를 많이 가질수록 좋은 물건이 됩니다. 동식물도 양분 등을 많이 받을수록 좋은 동식물이 되고, 사람의 육체도 영양분을 충분히 받음으로써 건강한 육체를 만들 수 있습니다. 그러나 사람의 정신과 영혼은 받음으로써가 아니라 줌으로써 성장하고, 인간성도 받음으로써가 아니라 줌으로써 완성되어 갑니다. 주되 많이 줄수록, 버리되 많이 버릴수록 사람다운 사람, 훌륭한 사람, 성숙한 사람이 되는 것입니다. 그래서 사람다운 사람들은 가지려 하지 않고 주려 합니다. 혹시 가진 것이 있으면 빨리 주려고 합니다. 그러나 덜된 사람일수록 많이 가졌으면서도 더 가지려 하고, 가지기 어려워 보이면 빼앗아서라도 가지려 합니다.

법정 스님의 책 《무소유》에 나오는 이야기 일부를 소개합니다. "나는 가난한 탁발승이오. 내가 가진 거라고는 물레와 교도소에서 쓰던 밥그릇과 염소젖 한 깡통, 허름한 담요 여섯 장, 수건, 그리고 대단치도 않은 평판, 이것뿐이오." 이는 인도의 유명한 성인 간디가 1931년 마르세유 세관원에게 소지품을 펼쳐 보이면서 한 말입니다. 법정 스님은 간디가 한 이 말을 책에서 읽고 몹시 부끄러웠답니다. 자신은 간디에 비해 가진 것이 너무 많다고 생각했기 때문입니다.

법정 스님은 어떤 스님에게 난초 화분 두 개를 받아 정성스럽게 가꾸었습니다. 장마가 갠 어느 날 난초를 뜰에 내놓은 채 깜빡 잊고 들여놓지 않고 외출했는데, 그날따라 햇빛이 눈부시게 빛났습니다. 뜨거운 햇볕에 늘어져 있을 난초 잎이 눈에 아른거려 더 지체할 수 없어서 허둥지둥 돌아와 보니 이미 잎은 축 늘어져 있었습니다. 안타까워하며 샘물을 길어다 축여 주고 했더니 겨우 고개를 들었지만 어딘지 생생한 기운이 빠져 버린 것 같았습니다.

그는 온몸으로 그리고 마음속으로 집착이 괴로움인 것을 절절히 느끼게 되었고, 그 집착에서 벗어나야겠다고 결심했습니다. 난을 가꾸면서는 여행 중에도 나그넷길을 떠나지 못해 꼼짝 못한 적도 있었고, 밖에 볼일이 있어 잠시 방을 비울 때면 환기가 되도록 들창문을 조금씩 열어 놓아야 했습니다. 화분을 내놓은 채 나가다가 뒤미처 생각하고는 되돌아와 들여놓고 나간 적도 한두 번이 아니었습니다. 그것은 정말 지독한 집착이었습니다.

그래서 며칠 후 친구에게 화분을 주어 버렸습니다. "비로소 나는 얽매임에서 벗어난 것이다. 날아갈 듯 홀가분한 해방감, 3년 가까이 함께 지낸 정든 난초를 떠나보냈는데도 서운하고 허전함보다 홀가분한 마음이 앞섰다. 이때부터 나는 하루 한 가지씩 버려야겠다고 스스로 다짐을 했다. 난초를 통해 무소유의 의미 같은 걸 터득하게 됐다고나 할까?"

우리들은 필요에 의해 물건을 갖게 되지만 무엇인가를 갖는다는 것은 다른 한편 무엇인가에 얽매인다는 의미입니다. 필요에 의해 가진 것이 도리어 우리를 부자유에 얽매이게 합니다. 그러므로 많이 가지고 있다는 것은 그만큼 많이 얽매여 있다는 뜻이기도 합니다.

훌륭한 성인일수록 갖고 소유하기보다는 버리고 포기하는 삶을 살았습니다. 사람이 되는 것은 동식물처럼 받으면서 되는 것이 아니라 줌으로써, 버림으로써, 포기함으로써 되는 것입니다. 예수님도 마태오 복음에서 "누구든지 내 뒤를 따라오려면, 자신을 버리고 제 십자가를 지고 나를 따라야 한다."(마태 16,24)라고 분명히 말씀하셨습니다. 재물이나 세상을 버리는 정도가 아니라 아예 자신을 버리라고 하셨습니다. 우리는 버림으로써 사람다운 사람, 참된 사람이 됩시다.

부자 천국 서민 지옥

2009년 12월 어느 날 오후 서울역 광장에 모인 각계의 2천여 명은 전국 민중 대회를 열어 당시의 정부를 '부자 천국 서민 지옥'이라고 평가했다고 합니다. 예수님을 믿는 개신교 신자로서 성경 말씀을 실천해야 할 대통령이 이룩한 일이 왜 성경 말씀과 정반대되는 '부자 천국 서민 지옥' 또는 '부자 대박 서민 쪽박'이라는 혹평을 받았는지 궁금합니다. 혹시 그들은 물질의 풍요를 주님의 축복으로 생각하는 것은 아닌지 의심스럽고, 어떤 사이비 종교에서 말하는 대로 도둑질을 해서라도 헌금만 많이 바치면 구원을 받는다고 착각하는 것이 아닌가 하는 의구심마저 듭니다.

　옛날에 인색한 구두쇠이자 돈밖에 모르던 큰 부자가 어느 날 갑자기 달라졌습니다. 이웃에게 후하고, 가난하고 불쌍한 사람들에게 듬뿍듬뿍 자선을 하는 등 좋은 일들을 많이 하는 것이었습니다. 사람들은 이상하게 생각했습니다. 죽을 때가 다 되어 마음이 변했는지, 무슨 장삿속으로 꿍꿍이가 있어서 그런지 통 알 수 없는 일이었습니다. 전혀 다른 사람으로 변한 것입니다.

　그 이유를 물으니 자기가 죽어서 천국에 갔는데 아름다운 집들을 보고 천사에게 누구의 집이냐고 물으니 천사가 대답했다고 합니다. "저 아름다운 집은 당신의 머슴인 김 서방의 집이오." "저쪽 더 큰집은 동네에서 가장 가난한 거지 박 씨의 집이오." 부자는 머슴의 집이 이 정도이고 거지의 집이 이렇게 좋다면 부자인 자기의 집은 훨씬 더 좋을 거라고 생각하며 더 좋은 집을 볼 때마다 자기 집이 아니냐고 물어보았지만 번번이 아니라는 대답이 돌아왔습니다.

　마침내 천국 한구석에 짚 다발 몇 단으로 만든, 개집만도 못해 보이는 초라한 집이 나타났습니다. 그런데 천사가 그 집이 바로 자기 집이라는 것이었습니다. 그 이유를 물었더니 천사가 대답했습니다. "당신은 살면서 지금껏 겨우 짚 몇 단을 남에게 주었을 뿐이오." 부자는 어이가 없고 괴로워서 엉엉 울다가 잠이 깨어 보니 꿈이었습니다. 이 꿈을 꾸고 난 부자는 깨달은 바가 있어서 인생을 이전과는 다르게 살기로 했다는 것입니다.

하느님은 성경의 여러 곳에서 물질적 부유함 자체를 경계하면서 물질적 풍요가 오히려 구원에 방해가 된다고 가르치셨습니다. 성경에는 '부자 천국 서민 지옥'이 아니라 '부자 지옥 서민 천국'과 비슷한 내용이 있습니다. 루카 복음 16장 19-31절에 나오는 부자와 라자로의 이야기인데, 부자는 지옥에 가고 서민보다도 더 가난했던 거지는 천국에 간다는 내용입니다.

예수님의 이 비유 말씀은 이해하기 어렵습니다. 죽은 후에는 세상의 행복과 불행이 거꾸로 역전되어 세상에서 행복했던 사람은 죽어서 불행해지고, 세상에서 불행했던 사람은 죽어서 행복해진다면 세상에서 행복해지려고 노력할 신앙인이 어디 있겠습니까? 세상에서 재물의 혜택을 누렸던 사람은 죽어서 불행해지고 세상에서 재물의 혜택을 받지 못한 가난한 사람은 죽어서 행복해진다면 현대 자본주의 사회가 신앙인에게는 멸망으로 가는 길이란 말일까요? 그렇다면 신앙인은 너나 할 것 없이 돈 벌 생각은 하지 말고 거지 라자로처럼 부잣집 문전에 앉아 떨어지는 음식 부스러기나 주워 먹고 몸에 난 종기나 긁고 있어야 할 텐데 말입니다.

예수님 시대에는 지상의 복이 곧 하느님의 축복이고 가난은 하느님에게 불충실한 것에 대한 책벌이라고 생각하는 사람들이 많았습니다. 지금도 어느 교파에서는 이와 비슷한 논리를 주장한다고 합니다. 물질의 풍요를 바로 하느님의 축복으로 여긴다는 겁니다. 그러나 예수님은 이런 잘못된 생각을 바로 잡으십니다. 물질의 많고 적음이 하느님의 축복과 관계가 있는 것이 아님을 가르쳐 주신 것입니다.

위에서 본 루카 복음의 말씀에서 부자가 왜 지옥의 고통을 당하게 되었을까요? 그 부자가 큰 죄들을 많이 지었기 때문일까요? 단순히 이 세상에서 돈을 많이 가졌다는 것, 호의호식했다는 것 자체로는 지옥에 빠졌을 리가 없는데 무슨 이유로 지옥에 빠졌을까요? 그 부자가 저지른 잘못에 대해 한마디의 언급도 없는 것을 보면 어떤 큰 잘못은 없는 것 같은데 왜 지옥에 빠졌을까요?

답은 너무도 엉뚱한 데 있는 것 같습니다. 그 부자의 잘못은 가까이에 있는 라자로의 고통을 모른 체했다는 것입니다. 가난한 이웃 라자로에게 무관심하고 자기 혼자서만 호의호식했기 때문에 벌을 받게 된 것입니다. 라자로에게 직접 피해를 준 것은 없었지만 고통받는 이웃을 모른 척한 것이 지옥에 가게 된 까닭입니다. 그 부자는 가난한 사람을 외면했다는 단 하나의 이유로 지옥의 고통을 당한 것입니다.

미국 최고의 여성 토크쇼 진행자 오프라 윈프리는 얼마 전 이런 말을 해서 더 유명해졌습니다. "만일 당신이 누구보다도 많은 것을 가지고 있다면, 그것은 축복이 아니라 사명입니다. 그것을 가지고 꼭 도움이 필요한 사람을 도와주라는 하느님의 명령인 것입니다." 실제로 그녀는 굉장한 부자이지만 자선 사업가로 더 유명합니다. 그녀는 자신이 말한 대로 살고 있기 때문입니다.

마르코 복음에서도 한 부자가 아무런 죄도 짓지 않았는데 재물을 이웃과 나누기 싫어했다는 이유로 구원받기 어렵다는 판정을 받는 이야기가 나옵니다(마르 10,17-27 참조). 반면에 이 이야기의 부자와는 대조적으로 안토니오 성인은 이 복음 말씀에 고무되어 자기 재산을 다 팔아 가난한 이들에게 나누어 주고 사막으로 들어가 은수 생활을 시작하여, 수도자들의 아버지가 되었던 것입니다.

루카 복음 16장에 나오는 부자와 라자로의 이야기에서나, 마르코 복음 10장에 나오는 하느님 나라와 부자의 이야기에서나 똑같이 가르치는 내용이 있습니다. 사람이 하느님 나라에 가기 위해서는 자신의 재물을 자신만을 위해서 사용해서는 안 되고 이웃을 위해 사용해야 한다는 것입니다. 둘 다 이렇다 할 잘못이 없는데도 자신의 재물을 어려운 이웃에게 주지 않았다는 이유만으로 천국에 가기 어렵다는 판정을 받은 것을 보면 알 수 있습니다.

이는 영생을 누릴 수 있는 천국에 가기 위해서는 율법에서 금하는 큰 악행을 저지르지 않았다거나 율법에서 하라고 명하는 것들을 어기지 않았다는 소극적인 삶만으로는 부족하다는 뜻입니다. 가진 재물을 하느님과 이웃을 위해 쓸 줄 모른다면, 계명을 아무리 잘 지켰어도 아무런 악행을 저지르지 않았어도 구원받을 수 없다는 가르침입니다.

　많은 개신교 교회에서는 믿음만으로 구원받을 수 있다고 가르칩니다. 그러나 오늘 들은 부자에 관한 예수님의 말씀에 의하면 믿음만으로는 구원받기 어려움을 알 수 있습니다. 이에 관한 내용이 야고보 서간에도 분명히 나와 있습니다. "누가 믿음이 있다고 말하면서 실천이 없으면 무슨 소용이 있겠습니까? 그러한 믿음이 그 사람을 구원할 수 있겠습니까? 어떤 형제나 자매가 헐벗고 그날 먹을 양식조차 없는데, 여러분 가운데 누가 그들의 몸에 필요한 것은 주지 않으면서, '평안히 가서 몸을 따뜻이 녹이고 배불리 먹으시오.' 하고 말한다면, 무슨 소용이 있겠습니까? 이와 마찬가지로 믿음에 실천이 없으면 그러한 믿음은 죽은 것입니다."(야고 2,14-17)

　쉽게 말해서 구원을 받기 위해서는 기도만 잘 해서도 안 되고, 교회에 빠지지 않고 잘 나가는 것만으로도 안 되고, 계명을 잘 지키는 것만으로도 안 됩니다. 또한 남을 해치지 않는 것만으로도 안 되고 반드시 가진 재물을 하느님과 이웃을 위해 써야 한다는 것을 예수님은 분명히 가르쳐 주시는 것입니다.

일찍이 암브로시오 성인은 "네가 가난한 사람에게 희사할 때, 네 것을 가난한 사람들에게 희사하는 것이 아니라 가난한 이의 것을 가난한 이에게 되돌려 주는 것뿐이다. 왜냐하면 모든 이가 함께 쓰도록 주어진 것을 네가 독점했기 때문이다. 내 것이라고 다 내 것이 아니라 내가 가진 것 안에는 '남의 몫'이 있는 것이다. 재물은 모든 사람의 것이지 부자들만의 것이 아니다."라고 하셨습니다. 재물을 가진 자가 못 가진 자를 돕는 것은 해도 되고 안 해도 되는 선택이 아니라 반드시 해야만 하는 의무라는 것을 강조한 것입니다.

여기서 부자란 누구일까요? 암브로시오 성인이 말하는 부자란 돈이 많은 큰 부자만을 말하는 게 아니라 자기보다 덜 가진 사람에 비해서 더 가진 모든 사람을 뜻합니다. 그런 의미에서 우리는 모두 부자입니다. 우리보다 못 가진 자에 비하면 우리가 부자인 것입니다. 그러므로 "부자가 하느님 나라에 들어가는 것보다 낙타가 바늘귀로 들어가는 것이 더 쉽다."(루카 18,25)라는 말씀에 안심할 수 없습니다. 또한 "나는 부자가 아니라 서민이니까 하느님 나라에 들어가는 데 별 지장이 없다."라고 말할 수도 없습니다. '부자가 하느님 나라에 들어가기는 어렵다'는 말씀은 남의 이야기가 아닙니다. 이야기를 들은 우리는 재물이 많지도 않으면서 재물이 많은 부자처럼 천국에 못 들어가는 어리석은 사람일지도 모릅니다.

미신에 빠지지 마세요

몇 년 전에 성모회원들과 일본으로 성지 순례를 다녀왔습니다. 일본의 한 성지에서 순례 기도를 하고 성당 옆에 있는 공동묘지를 둘러보았는데 묘지의 비석 앞에 맥주와 정종 등 술병들이 놓여 있었습니다. 묘지에 모신 조상들에게 바친 제물들인 것 같았습니다. 어떤 것은 너무 오래되어서 맥주 깡통이 녹이 슨 것도 있었고, 또 어떤 것은 상표가 안 보일 정도로 색이 바랜 것도 있었습니다. 그중에서 최근에 갖다 놓은 듯한 것들을 골라서 가져다가 저녁에 숙소에서 맛있게 마셨습니다.

묘지에 놔두면 언젠가는 부패해서 버려질 것들이었습니다. 그러나 사람들이 가져가지 않는 것은 일종의 두려움 때문인 것 같습니다. 귀신에게, 혼에게 바쳤던 것을 빼앗아 먹었다가 어떤 변을 당할까 봐 겁이 나서일까요? 아무튼 남들이 가져가지 않는 것을 우리는 가져다 마셨습니다. 그런데 그 술을 마신 성모회원들 중 아무도 변을 당한 사람은 없었습니다.

이런 일이 처음은 아닙니다. 시골에서 중학교에 다닐 때 학교가 멀어서 아침 일찍 집을 나와 학교로 갔는데 길가에 있는 고목나무나 성황당에는 가끔 돈이나 과자 같은 것들이 놓여 있었습니다. 저는 과자 종류는 위생적으로 괜찮을 것 같은 것들을 골라잡고 돈은 고를 필요가 없이 몽땅 집어 가고는 했습니다. 다른 사람들은 부정 탈까 봐, 무슨 변을 당할까 봐 손도 대지 않는 것 같습니다. 그러나 저는 그런 것들을 가리지 않아도 되는 천주교 신자였기 때문에 오히려 이득을 챙긴 셈입니다.

하느님을 믿는 신자들은 그런 것을 가리지 않고 그런 미신을 믿지도 않습니다. 유일신이신 하느님, 절대자이신 하느님을 믿는 신자들은 그런 미신으로부터 자유를 누립니다. 예수

그리스도를 믿는 신앙인은 일체의 미신적 금기 사항에서 자유롭습니다. 한마디로 말해서 가리는 게 없습니다. 얼마나 자유롭고 편합니까? 인간은 진정한 자유를 누려야 편하고 행복할 수 있습니다. 가리는 게 많고 속박이 많고 얽매이는 게 많고 하지 말라는 게 많을수록 인간의 행복은 줄어들게 됩니다.

예수님이 이 세상에 오신 이유 중의 하나가 사람들을 속박에서 해방시키는 것이라고 말씀하셨습니다. 루카 복음에서 "주님께서 나를 보내시어 …… 잡혀간 이들에게 해방을 선포하며 …… 억압받는 이들을 해방시켜 내보내며"(루카 4,18)라고 표현하셨습니다.

여기서 묶인 사람들, 억눌린 사람들, 억압받는 사람들은 어떤 사람을 두고 하는 말일까요? 억압받는 사람이란 노예로 잡혀가서 자유가 없는 사람들, 감옥에 들어가서 자유가 없는 사람들, 겁이 많아서 아무것도 못 하는 사람들, 잘못한 게 많아서 말도 못 하고 눌려 사는 사람들, 가진 게 없고 배운 게 없고 똑똑하지 못해서 짓눌리고 주눅 들어 사는 사람들, 힘 있는 사람들의 말에 강요당하는 사람들, 그리고 미신에 사로잡힌 사람들, 이런 사람들이 모두 억압받는 사람들입니다. 이처럼 자신의 삶을 살지 못하고 자신의 의지와는 상관없이 끌려다니는 사람들이 바로 억압받는 사람들이고 이들을 억압에서 구원하고 해방시켜 주는 것이 바로 예수님이 오신 이유라고 성경에서 말씀하십니다.

미신을 믿는 사람들이야말로 정말로 묶여 있는 사람들이고 잡신에 억눌려 있는 사람들입니다. 사고가 많이 발생하는 직업을 가진 사람들에게는 미신이 더 널리 퍼져 있습니다. 바닷가에 사는 어부들은 고기 잡으러 바다에 나가서 사고로 죽는 일이 많아서인지, 그들 중에는 미신에 깊이 빠진 사람들이 더 많은 것 같습니다. 어떤 어부들은 요리한 생선을 그릇에 담을 때 뒤집어 놓지 않습니다. 생선을 뒤집어 놓으면 배가 뒤집힌다는 미신 때문입니다. 사고 발생의 위험이 높은 광산의 광부들도 미신에 빠져서 헤어나지 못하는 사람들이 꽤 많습니다.

광산에서 사고로 죽은 광부의 아내가 성당에 들어와 영세했습니다. 그때가지 미신에 묶이고 억눌려 자유롭지 못하게 살다가 자신이 믿던 미신에 회의를 느끼고 미신을 버리기로 했습니다. 미신이 그 자매의 자유를 빼앗아 속박하고 얽매게

하여 그 자매는 그때까지 자신의 인생을 살았다기보다 자신이 믿는 미신에 의해 끌려다녔다고 고백합니다. 이른 아침 출근 시간에 여자가 남편의 앞을 가로질러 가면 그것을 사고가 날 징조라고 믿어서 남편이 출근하지 못한 적도 있답니다. 그 자매는 가리는 게 너무 많고 하지 말라는 게 너무 많은 미신을 버리고 성당에 나와 하느님을 믿고부터 마음이 너무 편안하고 행복해졌다고 만나는 사람마다 그들에게 고백합니다.

미신은 인간의 자유를 속박하고 행복과 권리를 빼앗아 갑니다. 미신에 의지하는 사람들은 이사 가는 날, 결혼하는 날을 자신이 정하지 못하고 무속인이나 잡신에게 의뢰합니다. 미신이 정해 주는 날에 이사하고 결혼해야 하므로 무속인이 정해 주는 날이 아닌 다른 날들은 감옥에 있는 것과 같고 기둥에 묶여 있는 것과 다를 바가 없습니다. 정해 준 날이 아닌 다른 날은 자신의 힘으로 이사도 못 가고 결혼도 못 합니다. 스스로 행동할 자유와 행동할 권리를 빼앗긴 것입니다. 한 달 30일 중에 이사를 가도 좋다고 하는 날이 보통 6일 정도 밖에 안 된다니까 나머지 24일은 자유를 빼앗긴 날인 셈입니다.

미신이 큰 영향을 미치는 것 중 하나가 날짜에 대한 것인데 특히 이사를 할 때는 '손 없는 날'을 따져서 하라는 금기 사항이 있습니다. '손'이란 것은 '귀신'을 말하는데, 귀신들은 날짜를 정해 놓고 특정 방향에서 사람들에게 해코지를 한다고 합니다. 귀신이 음력으로 1, 2일은 동쪽, 3, 4일은 남쪽, 5, 6일은 서쪽, 7, 8일에는 북쪽에 있다고 하며 귀신이 있는 방향으로 이사하는 사람들에게 해코지를 한다고 믿습니다. 그러나 음력으로 9, 10, 19, 20, 29, 30일은 귀신들이 활동하지 않는 날 즉 '손 없는 날'이라 이때는 어떤 방향으로 움직이든지 귀신들의 방해를 받지 않는다고 생각합니다. 그래서 손 없는 날, 즉 귀신들이 활동하지 않는 날 이사를 해야 귀신들의 방해를 받지 않고 아무 사고 없이 이사를 잘 갈 수 있다고 믿습니다. 이런 것이야말로 미신 중의 미신으로, 인간을 자유롭게 활동하지 못하도록 만듭니다. 그래서 어떤 사람은 오히려 이 미신을 이용하여 일부러 손 있는 날을 택해서 이사했더니 이삿짐센터에서 비용도 싸게 해 줄 뿐만 아니라 일꾼들도 다른 날보다 시간이 많으니 일을 더 잘해 주어 이득을 보았답니다.

이러한 금기 사항들을 잘 살펴보면 미신에서 섬기는 귀신은 인간에게 이득을 주는 신이 아니라 인간을 해치는 신임을 알 수 있습니다. 그럼 우리가 믿는 유일신 하느님과 미신에서 섬기는 잡신이 어떻게 다른지 잠깐 짚고 넘어갑시다. 우리가 믿는 하느님은 우리를 죽도록 사랑하시어 당신 외아드님의 생명까지 내어 주셨고, 인간이 살아가는 데 필요한 모든 것을 주시는 사랑의 하느님이십니다. 그래서 그 하느님을 믿으면 이 세상에서도 은총을 받습니다. 그러나 그 하느님을 믿지 않았다고 해서 하느님이 어떤 벌을 내려 인간을 괴롭히시지는 않습니다.

반면에 미신에서 섬기는 잡신은 인간을 사랑하는 것이 아니라 인간에게 해코지를 할 뿐입니다. 따라서 그 잡신의 해코지를 받지 않으려면 그 잡신을 잘 섬기고, 잡신의 마음에 들도록 행동해야 합니다. 만일 잡신의 마음에 들지 않아 미운털이 박히면 큰 벌을 받게 됩니다.

우리의 하느님은 우리가 좋아하고 사랑하고 고마워서 섬기는 분이지만, 미신에서 섬기는 귀신은 마지못해 억지로 섬기는 것입니다. 섬기고 위하며 받들지 않으면 큰 변을 당하기 때문에 변을 당하지 않으려고 섬기기에 마지못해 섬기는 것입니다.

그러므로 지난번에 설명한 것처럼(《예수님 따라 하기》 65~72쪽 참조) 하느님을 믿으면 밑져야 본전이고 잘하면 대박이지만 반대로 미신을 섬기면 잘해야 본전이고 잘못하면 크게 피해를 보아 밑지게 됩니다.

미신에서 섬기는 귀신이란 인간에게 해코지를 하여 인간을 해치는 존재이므로 귀신에게 해코지를 당하지 않으려면 귀신을 피해 다니든지, 피할 수 없으면 잘 달래야 한다고 합니다. 따라서 그런 미신을 믿는 것은 백해무익합니다. 미신을 믿는 것은 바로 예수님이 말씀하신 억압받고 억눌리고 묶이는 사람이 되는 것입니다.

묶이고 억압받는 이들을 해방시키러 오신 예수님을 믿는 신앙인은 자신을 묶고 억압하는 모든 것들로부터 해방되는 사람들입니다. 그래서 신앙인은 어떤 미신이나 어떤 이상한 말에도 얽매이지 않고 자유로울 수 있습니다. 예수님을 믿고 예수님의 은총으로 사는 사람들은 가리는 것이 없습니다. 묘지에 있는 맥주도 마실 수 있고, 성황당에 바쳐진 사탕도 먹을 수 있습니다. 속박으로부터 해방시키시는 예수님을 믿기에 생선을 요리해서 뒤집어 놓아도, 탄광에서 여자들이 앞을 가로질러가도, 어떤 날에 이사를 가든 결혼을 하든 아무렇지도 않습니다.

예수님을 믿는 신앙인들은 이런 미신적인 것만 가리지 않는 것이 아니라 인생을 불행하게 만드는 다른 것들도 가리지 않습니다. 세상 사람들이 물질의 욕심에 묶이고, 죄악의 사슬에 묶이고, 체면이나 자존심, 이기심, 허영심 등에 묶여서 하느님이 주신 행복을 잃어버릴 때 예수님을 믿는 신자들은 그런 것에 묶이지 않을 수 있습니다. 세상 사람들이 자신의 이익을 위해 이웃 사람을 가려서 가까이할 때 예수님을 믿는 신자들은 사람을 가리지 않고 누구나 가까이하고 사랑할 수 있습니다. 세상 사람들이 자신에게 잘못한 사람을 용서하면 큰 손해를 보는 줄 알고 용서해 주는 것을 꺼리고 두려워할 때 신앙인들은 자신에게 잘못한 사람을 용서하는 것을 꺼리지 않고 두려워하지 않습니다.

마침내 신앙인들은 죽음도 가리지 않고 두려워하지도 않습니다. 죽은 후에 올 영생을 믿기에 죽음으로부터까지 자유를 누릴 수 있는 것입니다.

억압받는 이들을 해방시켜 주님의 은혜를 주러 오신 예수님, 저희를 억압하는 모든 미신과 모든 금기 사항과 모든 나쁜 것들에서 벗어나 당신 품 안에서 참된 행복을 누리게 해 주소서. 아멘.

십자가를 기꺼이

　우리 천주교 신자들은 십자고상을 통해 많은 은총을 받습니다. 무거운 십자가를 지고 골고타 언덕을 오르실 때 얼마나 힘드셨을까요? 대못으로 생살을 꿰뚫을 때 얼마나 아프셨을까요? 우리는 고통스러울 때, 힘들고 어려울 때, 자신이 세상에서 가장 고통스러운 것 같고 지금의 이 고통이 감당할 수 없이 커 보일 때, 예수님의 십자가를 바라보면서 자신의 고통이 예수님의 고통에 비하면 아무것도 아님을 알게 됩니다. 우리의 마음이 고통에 짓눌릴 때 십자가를 보면서 위로를 받고 십자가에서 새로운 힘을 얻습니다…….

개신교 신자들도 십자가를 중히 여기기는 하지만, 그들은 예수님의 몸체가 없이 십자 형태의 나무만 있는 십자가를 모신다고 들었습니다. 십자가의 죽음보다 부활하셨다는 것을 더 강조하기 위함이라고 합니다. 예수님이 부활하셨으니 더 이상 십자가에 매달려 계신 모습이 아니라, 부활하신 후 예수님의 몸체가 없는 십자가를 모신다는 것입니다.

어차피 십자고상은 나무나 돌 등 물질의 하나일 뿐이지 십자고상 자체가 예수님은 아닙니다. 또한 십자고상이 예수님을 상징할 뿐이지 예수님인 것은 아닙니다. 그러므로 나무나 어떤 재료로 만든 십자고상 자체를 소중히 여기는 것이 아니라 그 십자고상이 표시하는 내용 즉 십자가에서 돌아가신 예수님을 흠숭하는 것입니다. 따라서 예수님의 몸이 이미 부활하시어 십자가에 안 계신다는 이유로 몸체 없는 십자가만을 주장하는 것은 이해하기 어렵습니다. 이미 부활하신 예수님의 몸체를 십자가에 머물게 해서는 안 된다는 이유로 몸체 없는 십자가만을 만들어 사용하는 것은 인간의 감성과 정서를 모르는 데서 나온 처사 같습니다. 인간은 오관을 가진 육체적 존재이므로 오관을 총동원해서 느끼고 깨달을 때 훨씬 더 강한 체험을 할 수 있습니다.

십자가라는 물건 자체는 사람을 죽이는 사형 도구이므로 보기만 해도 혐오감을 주는 끔찍한 물건입니다. 거기에다 못 박힌 처참한 몸체까지 함께 있다면 더 실감 나는 느낌을 주는 것입니다. 그래서 시청각적인 효과가 있습니다. 흑백 사진보다 컬러 사진이 더 실감 나고, 평면 사진보다 입체 사진이 더 실감 나고, 정지된 영상보다 움직이는 동영상이 더 실감 납니다. 마찬가지로 몸체가 있는 십자가가 훨씬 더 크고 실감 나는 느낌과 더 큰 감동을 줄 것입니다. 그래서 우리 천주교 신자들은 몸체가 없는 십자가가 아니라 몸체가 있는 십자가를 만들고 공경하는 것입니다.

우리 가톨릭교회에서 예수님의 이 십자가를 언제부터 소중히 여기며 공경하고 모셨을까요? 문헌을 보니 아주 오래전부터인데 헬레나 성녀가 골고타에서 예수님의 십자가와 그분의 양옆에 있던 두 도둑의 십자가를 발견했답니다. 성녀는 황제인 아들 콘스탄티누스 대제에게 요청하여 예루살렘에 성당을 건축하고 예수님의 십자가를 안치하였습니다. 그 후 페르시아에게 점령당했다가 헤라클리우스 황제가 페르시아인들에게 예수님의 십자가를 탈환한 이후 니케아 공의회에서 십자가 공경이 공식적으로 인정되어 오늘에 이르고 있습니다.

전설에 의하면, 헤라클리우스 황제가 주님을 따르고자 화려한 의관을 갖추고 손수 십자가를 메고 골고타에 오르려 했으나 웬일인지 발걸음이 조금도 떨어지지 않았답니다. 아무리 힘을 써도 보이지 않는 줄에 매인 것처럼 몸이 움직이지 않았습니다. 이 뜻하지 않은 광경에 즈카르야 주교는 "옛날 그리스도께서는 머리에 가시관을 쓰고 헌 옷을 두르고 십자가의 길을 올라 가셨습니다. 그런데 폐하는 금관과 화려한 차림을 하고 계십니다. 아마 이것이 주님의 뜻에 맞지 않는 것인가 봅니다."라고 말했습니다. 신앙심이 두터운 황제는 이 말을 그대로 받아들여 허술한 옷차림을 하고 다시 십자가를 지고 걷자, 이번에는 아무 일 없이 다시 산꼭대기까지 올라갈 수 있었다고 합니다.

예수님이 지신 십자가는 사형 도구였습니다. 사람의 심장이나 급소를 찔러 쉽게 죽게 하는 것이 아니라 양 손발을 뚫어 온몸의 피가 다 빠져나갈 때까지 극도의 고통을 당한 후에 죽게 하는 사형 방법으로, 십자가의 고통은 고통의 극치였습니다. 그러므로 십자가는 화려한 것도 아름다운 것도 장식도 아니라 혐오스러운 물건일 뿐입니다. 예수님이 우리를 구원하기 위해 십자가에 달리셨기에 그 십자가를 공경하는 것입니다.

그런데 십자가의 고통을 모르는 사람들은 십자가를 한낱 장식품으로 사용합니다. 십자가를 목걸이로 귀걸이로 장식품으로 달고 다니는 것을 보면 눈살이 찌푸려집니다. 우리 신자들이 십자가를 대하는 자세는 달라야 합니다. 십자가를 사치와 장식에 사용할 것이 아니라 십자가를 봄으로써 주님의 구원과 은혜에 감사하고 우리의 죄를 뉘우치며 자신에게 주어지는 십자가를 보속하는 마음으로 기꺼이 져야 합니다.

주 예수님이 두 제자를 데리고 길에 들어섰습니다. 거기서 주님은 각자에게 무게가 똑같은 십자가를 하나씩 주시고, 당신은 이 길이 끝나는 곳에 가 있을 테니 그곳까지 십자가를 지고 오라고 하신 다음 자취를 감추셨습니다. 첫 번째 제자는 십자가를 가볍게 지고 갔지만, 두 번째 제자는 지독히 힘들어하면서 뒤쳐져 따라왔습니다. 십자가를 지고 간 지 하루 만에 첫 번째 제자는 길 끝에 당도하여 십자가를 주님에게 넘겨드렸습니다. 주님은 그의 등을 두드려 주시며 "아들아 아주 잘했다." 하고 말씀하셨습니다.

두 번째 제자는 이튿날 저녁이 되어서야 길 끝에 도착했습니다. 도착한 그 제자는 십자가를 주님의 발밑에 내동댕이치며 불만을 터트렸습니다. "이런 법이 어디 있습니까? 저한테는 왜 저 제자보다 훨씬 더 무거운 십자가를 주셨습니까? 제가 이제야 온 것도 그 때문이라고요." 주님은 마음이 상한 채 슬픈 얼굴로 그를 바라보며 말씀하셨습니다. "십자가는 둘 다 똑같은 무게였느니라." 그러자 제자가 반문했습니다. "그럼 똑같은 무게의 십자가를 저 사람은 아주 쉽게 옮겼는데, 저만 힘들게 옮겼다는 말씀입니까?" 주님이 말씀하셨습니다.

"십자가가 무겁다고 탓하지 마라. 내가 준 십자가는 사랑을 하면서 지면 무게가 가벼워지고 불평을 하면서 지면 무게가 무거워지는 십자가란다. 네 십자가가 더 무거웠던 까닭은 십자가를 지고 오는 동안 줄곧 불평을 늘어놓았기 때문이다. 네가 불평할 때마다 십자가의 무게는 늘어났던 거야. 네 앞에 온 제자는 십자가를 지고 오는 동안 사랑을 실천했기 때문에 그 사랑이 십자가의 무게를 덜어 준거야. 그래서 힘들지 않고 옮길 수 있었던 거지."

맞습니다. 자신이 무거운 십자가를 지면서도 십자가가 무겁다고 불평하지 않고 오히려 이웃에게 사랑을 베푸는 사람은 어렵지 않게 십자가를 질 수 있습니다. 그러나 이웃에게 사랑을 베풀기는커녕 자신의 십자가가 무겁다고 불평하는 사람은 힘들고 어렵게 십자가를 질 수밖에 없다는 이야기입니다. 이처럼 우리가 십자가를 질 때 불평을 하면서 마지못해 진다면 그런 십자가는 우리를 괴롭힐 뿐 신앙에 도움을 주지 못할 것입니다. 그러나 자신에게 주어진 십자가를 보속하는 마음으로 기꺼이 지면서 오히려 자신의 십자가보다 더 무거운 십자가를 지고 가는 이웃에게 사랑을 베푼다면, 자신의 십자가가 가벼워질 뿐만 아니라 큰 은총과 구원을 가져다주는 도구까지 될 것입니다.

실제로 고통받는 이웃을 도와주는 사람들 대부분은 고통이 없는 편한 사람들이 아니라 자신도 고통을 당하는 사람들임을 알 수 있습니다. 고통이 별로 없는 사람들은 자신에게 고통이 오면 불평하면서 그 고통을 거부하지만, 고통이 많은 사람들은 오히려 자신의 고통을 불평하지 않고 기꺼이 받아들일 뿐만 아니라 이웃의 고통을 덜어 주려 애쓰는 모습을 주변에서 쉽게 볼 수 있습니다. 고통당하는 사람만이 고통당하는 다른 사람의 심정을 알기 때문인가 봅니다. 이스라엘 백성도 광야에서 불평을 늘어놓을 때는 불 뱀에게 물려 죽었지만 불평을 후회하면서 모세의 손에 높이 들린 구리 뱀을 바라볼 때는 죽다가도 다시 살아났던 것입니다.

러시아의 전설에 나오는 이야기입니다. 여러 차례의 강도 상해죄를 저지른 두 명의 범죄자가 한 수도자의 도움으로 회개하게 되었습니다. 그 두 사람은 수도자에게 자신들의 모든 범죄를 고백하고, 어떻게 배상하면 좋을지에 대해 물어보았습니다. 수도자가 무거운 십자가를 지고 성지 순례를 할 것을 권해서 두 사람은 곧 커다란 십자가를 만들어 길을 떠났습니다. 처음에는 모든 일이 순조로웠습니다. 십자가가 매우 무거웠지만, 아직 그 정도를 짊어질 힘은 충분했습니다. 하지만 며칠이 지나자 어깨가 붓고 저려 왔습니다.

두 사람은 십자가를 변형시킬 생각을 했습니다. 그들은 어느 마을의 목공소로 들어가서 한 사람은 십자가의 긴 쪽을 잘

라내고는 말했습니다. "자, 이제 훨씬 짧아졌지만, 그래도 십자가는 십자가지." 또 한 사람은 십자가의 두께를 반으로 쪼개어 두 개의 십자가를 만들더니 그중에 하나는 버리고 하나만 들고서 "자, 이제 훨씬 가벼워졌지만, 그래도 엄연한 십자가지." 두 사람은 이제 한결 편해졌습니다. 그러나 먹을 것조차 찾기 힘든 사막 지역에 들어서자 사정은 또 다시 악화되어 아무것도 먹지 못한 채 사흘 동안 사막을 헤맸습니다.

나흘째 되던 날, 그들은 저 멀리 지평선 너머 도시를 발견하고는 기뻐 어쩔 줄 몰라 했습니다. 그들은 지친 몸을 이끌고 빠른 걸음으로 달려가서 저녁 무렵이 되었을 무렵 도시에 거의 당도했습니다. 그런데 예기치 않은 장애물을 만나게 되었습니다. 그들 앞에 깊은 골이 패어져 있는 것이었습니다. 그러나 건널 만한 다리는 아무 데도 없었습니다. 한 사람이 방법을 생각해 냈습니다. "우리 십자가로 임시 다리를 놓읍시다." 그러나 한 사람의 십자가는 길이가 너무 짧았고, 또 한 사람의 십자가는 길이는 맞았지만 두께가 너무 얇아 약했습니다. 그래서 두 사람은 눈앞에 먹을 것이 있는 민가를 두고 그 자리에서 굶어 죽고 말았습니다.

우리도 우리의 십자가를 줄여서 고통을 줄이고 싶은 유혹을 받습니다. 그런데 주님도 당신의 십자가의 고통을 줄이려고 하셨을까요? 아닙니다. 주님은 당신의 십자가를 가볍게 만들지 않으셨습니다. 그분은 마지막까지 당신의 무거운 십자가를 고스란히 다 지고 가셨습니다. 우리도 우리에게 주어진 십자가의 무게를 가볍게 줄이려고 하지 맙시다. 십자가를 줄이면 당장은 고통이 줄겠지만 끝내는 그 십자가를 통해 우리에게 주시려는 하느님의 은총도 줄어들 것이며, 마침내 그 십자가를 통해서 우리를 구원하시려는 하느님의 구원 계획까지 방해하는 결과를 가져올 것입니다. 예수님은 십자가를 통해 부활하셨습니다. 우리도 주어진 십자가를 달게 참아 받음으로써 십자가를 통해서만 얻어지는 부활의 기쁨을 누립시다.